인물중심 52주 구역공과(구약편)

신앙생활을 리드하는 구역예배

21세기구역공과편찬위원회

좋은 책으로 하나님의 사람을 만들어가는

엘 맨

인물중심 52주 구역공과(구약편)

신앙생활을 리드하는 구역예배

공과를 내면서

또 한해를 재촉하는 가을비가 아직 못다 마무리한 것들에 대한 조바심을 갖게 합니다. 한 해가 시작되던 것이 바로 엊그제 같은데, 또 새해를 준비해야 한다니, 옛 어른들의 '세월은 유수와 같다'는 말씀이 새삼 느껴집니다.

세월은 흘러 인생은 가야할 곳으로 가고 있지만, 우리는 그 삶의 과정에서 반드시 해야만 하는 일이 있고, 그 중에서도 우리의 영혼을 살찌우는 일은 무엇보다도 중요합니다. 신앙의 기초를 든든히 하는 일, 믿음의 기둥을 세우는 일, 그리고 바람이 불어도 날아가지 않을 지붕을 씌우는 일, 이 모든 것이 예배와 교육으로 이루어집니다.

구역예배는 글자 그대로 구역식구들이 모여서 하나님께 예배드리는 시간입니다. 그런 가운데 말씀을 읽고, 듣고, 마음에 새기게 됩니다. 그러기에 기독교의 예배는 그 자체가 교육입니다. 그리고 예배와 함께 구역은 모여서 성도의 교제를 나누는 귀한 공동체적 시간입니다. 이 시간을 통하여 우리의 믿음과 신앙생활이 성장하고 발전하는 것입니다. 그러므로 우리는 구역예배의 모임을 소홀히 해서는 안 될 것입니다.

이번 구역공과는 구약성경에 나오는 인물을 중심으로, 그들의 생애와 성품을 살펴보고, 성경역사 속에서 그들이 남긴 중요한 발자취 가운데 우리가 본받아야 할 것과 잘못된 점들을 우리에게 적용하여, 하나님이 원하시는 것이 무엇인지, 그리고 우리에게 맡겨주신 일들을 감당하는데 어떤 자세로 임해야 할 것인지를 비교하면서 우리의 믿음을 키우고자 하는데 목적을 두었습니다.

각 과별로 읽을 말씀은 매우 양이 많은 것도 있습니다. 인물과 관련된 성경을 모두 읽지 않고서는 이해하기 매우 어려운 것이 사실이지만, 공과의 성격상 각 인물의 생애에서 가장 중요한 사건들만을 다루었으므로, 읽을 말씀을 충분히 읽고 이해하며, 질문이나 참고할 성경구절을 꼭 찾아보면 영혼의 양식이 될 것입니다.

아무튼 구역예배를 통하여 개인의 영적 성장과 함께 교회의 성장이 이루어지기를 기대하며, 이 교제를 이용하는 모든 교회에 크신 하나님의 사랑이 함께하시기를 기도합니다.

2016년 가을에
21세기구역공과편찬위원회

차 례

1월

세상 처음에

제 1 과
인류 최초의 인간 아담

성경본문 : 창 2:7-9
찬송 : 21, 68장

"여호와 하나님이 땅의 흙으로 사람을 지으시고 생기를 그 코에
불어넣으시니 사람이 생령이 되니라" (창 2:7)

인물 탐구

아담은 하나님이 창조하신 첫 사람이요, 인류의 조상입니다.
그의 이름 '아담'은 '사람(Man)', '붉은 흙'이라는 뜻입니다. 그는 하나님
이 흙으로 빚어 만드셨으며, 하나님의 형상대로 지음 받았습니다. 하와를
통해 가인, 아벨, 셋 등을 낳았습니다.

아담은 하와와 함께 하나님의 형상대로 창조된 최초의 인간으로서 타락
이전에는 완전한 지·정·의의 인간성을 보유하고 있었습니다. 그러나 뱀의
유혹에 넘어간 아내 하와의 권유로 선악과를 먹은 인간의 유약한 성품을
보여 주며, 타락 후 자신의 범죄 책임을 아내에게 떠넘기는 비겁한 자가
되고 말았습니다.

1. 유혹에 넘어간 아담

하나님은 엿새 동안에 천지를 손수 만드시고, 마지막 날에 인간을 온전
하게 창조하셨습니다. 그리고 매우 흡족해 하셨습니다. 인간을 기계처럼
만들지 않으시고, 하나님의 명령에 좇아 순종할 수도 거부할 수도 있는
자유의지를 가진 독립적 인격체로 만들어 주셨습니다(창 2:16-17). 이것은

인간이 자발적으로 우러나오는 마음으로 하나님과의 깊은 교제를 나누시기 원하심을 보여 줍니다.

그럼에도 불구하고 아담은 선악과를 따먹지 말라는 하나님과의 약속(행위언약)을 그의 아내 하와의 미혹으로 말미암아 어기고 선악과를 먹게 되었습니다. 그 결과 모든 인류로 하여금 사망 가운데 거하게 하였습니다. 아담은 모든 인류의 대표로서, 이 같은 그의 범죄는 곧 모든 인류의 범죄가 되고, 그의 행동과 정죄 당함은 모든 후손에게 영향을 미치게 하는 결과를 가져왔습니다.

♥ 하와의 미혹을 받아 선악과를 먹음으로써 하나님과의 행위 언약을 깨뜨렸으므로 어떻게 되었습니까?(창 3:6, 롬 5:16-19)

_____

_____

♥ 아담은 하나님으로부터 죄악에 대한 책망을 받을 때 죄를 고백하고 용서를 빌기에 앞서 어떤 행동을 보였습니까?

_____

_____

2. 도망하는 아담

아담은 범죄 후 하나님의 낯을 피하여 숲으로 도망하였습니다. 그리고 자신과 아내의 벌거벗은 수치를 무화과 나뭇잎으로 엮어 만든 옷으로 가리려 했습니다(창 3:7). 그러나 결코 나뭇잎으로는 그들의 수치를 가릴 수 없었습니다. 이것은 인간 스스로의 힘으로 의롭게 될 수 없음을 보여 주는 것입니다. 결국 하나님은 그를 위해 동물을 잡아 그 가죽으로 옷을 만들어 입히심으로 그의 수치를 가려주셨습니다(창 3:21). 이것은 인간에게 은혜로 의롭다 하시는 하나님의 구원 행동을 상징합니다. 여기에서 우리는 범죄 후 수치를 감추기 위해 스스로 노력하기보다는 하나님을 의뢰하고 고백해야 함을 알 수 있습니다.

♥ 우리가 아담과 같은 죄를 범했다면 어떻게 하겠습니까?
_____
_____

3. 긍휼을 베푸시는 하나님

아담의 죄를 가려 주신 하나님은 다시금 아담과 관계유지를 하시기 원하셨습니다. 즉 동물을 죽여 피 흘리게 하심으로써 장차 그리스도께서 죄인들을 위해 피 흘리시고 죽으심으로 죄를 사하실 것을 암시하여 주신 것입니다(창 3:21;히 9:12-15, 22). 아담이 범죄 함으로 말미암아 죄인 된 우리를 예수께서 순종하심으로 십자가에서 죽으시고 부활하심으로써 우리를 의롭다 하시고 영생의 은총을 주신 것입니다(마 11:28-30, 롬 5:18-21, 6:23).

우리가 하나님과의 관계를 회복하는 것은 천국에서의 영원한 삶을 약속하는 것을 의미합니다. 우리는 하나님의 사랑하심을 언제나 감사하며, 죄를 지었을 때는 즉시 하나님께 고백하여 용서하심을 얻을 수 있어야 할 것입니다.

♥ 고린도전서 15:45은 아담과 그리스도를 각각 어떻게 칭하고 있습니까?

아담 / _____
그리스도 / _____

비교하기

《아담과 나를 비교하여 본받을 점과 고칠 점을 기록해 봅시다》

실천하기

《오늘의 말씀을 생각하면서, 한 주간 동안 꼭 실천할 것을 기록해 봅시다》

점검하기

《한 주간, 나의 신앙생활을 점검해 봅시다》

① 하나님 앞에 온전한 예배를 드렸습니까?	예, 아니오
② 날마다 기도를 열심히 했습니까?	예, 아니오
③ 매일 성경을 읽었습니까?	예, 아니오
④ 지난 주 실천사항을 실천했습니까?	예, 아니오

기도하기

《구역식구들의 형편과 처지를 생각하며, 기도제목을 나누고 함께 기도합시다》

제2과
인류의 첫 어머니 하와

성경본문 : 창 3:1-21
찬송 : 208, 284장

"아담이 그의 아내의 이름을 하와라 불렀으니
그는 모든 산 자의 어머니가 됨이더라" (창 3:20)

인물 탐구

하나님께 지음 받은 인류 최초의 여자로서, 하나님이 아담의 갈빗대로 만드셨습니다. 그 이름 "하와"는 '생명, 산 자의 어미'라는 뜻입니다. 아담과 결혼하여 가인과 아벨, 그리고 셋을 낳았습니다.

하와는 아담이 한 눈에 사랑할 정도로 아름다웠으나, 뱀의 유혹으로 선악과를 따먹을 정도로 연약하고 유약한 성품을 지녔습니다. 더구나 남편 아담을 그 죄에 동참시켰으며, 타인에게 유혹의 도구로 사용될 수 있는 죄인의 모습을 보여 줍니다. 타락 후 자신의 범죄 책임을 뱀에게 돌리는 인간의 회피본능을 우리에게 보여 주었습니다.

1. 유혹의 손길

오늘 우리가 사는 이 세상은 각양 편리한 삶의 이기들이 우리를 유혹합니다. 돈만 있으면 얼마든지 편하고 즐겁게 살 수 있는 세상입니다. 하나님의 동산에서 살고 있는 하와에게도 유혹의 손길이 다가왔습니다. 동산 중앙의 선과 악을 알게 하는 나무의 열매는 결코 따먹지 말라는 하나님의 말씀을 지키지 못하고 간사한 뱀의 유혹을 받아 결국 선악과를 따먹게 되고 타락하였습니다.

♥ 사단과 거짓선지자들의 미혹은 우리가 어떠한 때에 다가오는가? 이런 유혹은 어디로부터 오는 것입니까?(요1 2:15, 16)

_____

_____

하와는 선악과나무를 보았을 때 '먹음직하고 보암직도 하고 지혜롭게 할 만큼 탐스럽기도 한 나무'로 보였으며, 뱀이 말하는 눈이 밝아져서 하나님과 같이 된다는 말에 넘어가서 열매를 따먹고 말았습니다. 우리 인간은 하와와 같이 보는 것, 육신적인 욕구, 정신적인 욕구 등 인간적인 욕구에 현혹되어 하나님의 말씀을 어기며 죄를 범하게 됩니다.

♥ 히브리서 3:13에서, 우리들이 유혹에 넘어가지 않도록 어떻게 하라고 했니까?

_____

_____

2. 수치의 눈은 밝아지고

하와는 눈이 밝아져 하나님처럼 될 것이라는 사단의 말에 선악과를 먹었습니다. 그러나 그 결과는 눈이 밝아지기는 하였으되 추하고 악한 측면으로 밝아져서 수치심밖에 느낀 것이 없었습니다. 그리고 에덴동산에서 추방될 수밖에 없었습니다. 마찬가지로 우리도 하나님의 말씀을 듣지 않고 죄의 길로 들어서면 자기 욕심대로 잘될 것 같으나 그 결과는 수치와 형벌뿐입니다.

♥ 로마서 6:23은 우리에게 죄의 값은 무엇이라고 말하여 줍니까?

_____

_____

3. 수치를 가려주심

하와는 타락 후 눈이 밝아져 자신의 벌거벗은 수치를 발견했을 때, 무화과나무 잎으로 치마를 만들어 수치를 가리려 하였습니다. 그러나 이것은 그의 수치를 온전히 감추지는 못하였습니다. 하지만 하나님이 후에 짐승을 죽이시고 만들어주신 가죽옷은 그녀의 수치를 온전히 가려 줄 수 있었습니다. 여기에서 우리는 인간 스스로의 수단, 율법적인 행위로는 하나님 앞에서 온전히 자신의 죄와 수치를 감출 수 없음을 알게 됩니다. 따라서 우리 성도들은 범죄했을 때 예수님이 주신 복음을 믿고 하나님 앞에 벌거벗은 모습으로 나아가야 합니다.

♥ 아담의 갈빗대로 만들어진 그의 신부로서의 하와는 무엇을 예로 나타내내는 것인가요?(엡 2:20-22)

_____

_____

비교하기

《하와와 나를 비교하여 본받을 점과 고칠 점을 기록해 봅시다》

```
┌─────────────────────────────────────────────────┐
│                                                   │
│                                                   │
│                                                   │
│                                                   │
│                                                   │
└─────────────────────────────────────────────────┘
```

실천하기

《오늘의 말씀을 생각하면서, 한 주간 동안 꼭 실천할 것을 기록해 봅시다》

_____

_____

점검하기

《한 주간, 나의 신앙생활을 점검해 봅시다》

① 하나님 앞에 온전한 예배를 드렸습니까?	예, 아니오
② 날마다 기도를 열심히 했습니까?	예, 아니오
③ 매일 성경을 읽었습니까?	예, 아니오
④ 지난 주 실천사항을 실천했습니까?	예, 아니오

기도하기

《구역식구들의 형편과 처지를 생각하며, 기도제목을 나누고 함께 기도합시다》

```
┌─────────────────────────────────────────────────┐
│                                                   │
│                                                   │
│                                                   │
│                                                   │
│                                                   │
└─────────────────────────────────────────────────┘
```

제3과
당대의 의인 노아

성경본문 : 창 6:9-22
찬송 : 500, 521장

"이것이 노아의 족보니라 노아는 의인이요 당대에 완전한 자라
그는 하나님과 동행하였으며" (창 6:9)

인물 탐구

노아는 셋의 후손으로 라멕의 아들입니다. 그의 이름은 '휴식' 또는 '위로'라는 뜻이며, 950세를 살면서 셈, 함, 야벳 세 아들을 두었습니다. 그는 홍수 후 모든 인류의 조상이며, 최초의 술취한 자로 언급되고 있습니다.

노아가 태어난 시기는 아담의 타락의 결과, 인간의 죄가 번성하던 때입니다. 그러나 이런 시대적 배경에도 불구하고 노아는 의롭고 완전하게 살았으며, 하나님의 방주 건조 명령에 순응하여 대홍수로부터 구원받은 믿음의 사람입니다.

1. 비웃거나 말거나

노아는 당시 세상의 혼탁한 기류에 휩싸이지 않고 오히려 의롭고 완전하게 살았습니다. 그 결과 그는 하나님의 은혜를 받아 대홍수에서 구원받는 복을 받았습니다. 이것은 오늘날 우리들에게 말세에는 노아의 시대와 같다고 하신 예수님의 말씀을 기억하며, 의롭고 거룩하게 살아갈 것을 교훈해 주는 좋은 본보기입니다. 우리 성도들은 이 세상에서 거룩하고 의롭

게 삶으로 예수님께서 다시 오실 때 들림 받는 자가 되어야 하겠습니다.

♥ 노아 당시는 어떤 형편이었습니까?(창 6:4-8)

_____

_____

　　하나님이 명하신 방주 건조의 기간이 120년이나 되었으나 노아는 낙심하거나 의심 없이 끈기 있게 방주를 완성하였으며, 결국 그 방주로 인해 홍수를 피할 수 있었습니다. 우리도 약속의 때가 더디 오든지 또는 세상 사람들이 비웃든지 상관하지 않고 하나님의 약속의 말씀을 따라 끝까지 신실하게 살아가는 복 있는 사람이 되어야 할 것입니다.

2. 온전한 순종으로

　　노아는 불의와 불신이 가득한 세상에서 살았지만 거기에 동화되지 않고 하나님의 말씀에만 순종하는 의로운 삶을 살았습니다. 이것이 그리스도인의 삶입니다. "오직 의인은 믿음으로 살리라"는 말씀대로 노아는 자신의 삶을 하나님께 맡기며 살았기 때문에 의인이라는 칭함을 받을 수 있었습니다.

　　아직 비가 내리지 않고, 세상 사람들이 그들의 욕망에 따라 방탕하게 살아갈 때에도 오직 말씀에 따라 방주를 건조한 것은 하나님의 말씀에 대한 온전한 순종입니다. 우리들도 하나님의 말씀에 온전히 순종하는 자가 되어야겠습니다.

♥ 삼상 15:22의 말씀을 기록해 보시오.

_____

_____

3. 무지개 언약

노아 당시의 물 심판은 세상 끝 날에 있을 불 심판을 예고하시는 것입니다. 그러나 한편, 무지개 언약으로 보장해 주신 것은 아무리 인간이 악하더라도 일정 기간 동안의 역사 전개를 다시 물로 단절시키지는 않겠다는 것일 뿐입니다. 우리는 노아 당시 사람들이 노아가 전하는 물 심판의 경고를 무시하다가 끝내 멸망한 것을 기억하고, 성경이 그토록 강조하고 있는 세상 끝 날의 불 심판을 대비해야 하겠습니다.

그러나 노아의 말년에 포도주에 취하여 아들들에게 벌거벗은 몸을 보이는 추태를 보였습니다. 이것은 아무리 의로운 자라 할지라도 인간이기에 실수하여 넘어질 수밖에 없음을 보여 줍니다. 우리들도 항상 하나님 앞에서 깨어 근신하고 주의하여 사단이 틈타지 못하도록 해야 하겠습니다.

♥ 오늘 우리를 삼킬 대적들이 어떻게 두루 다니고 있다고 말씀하고 있습니까?
   (벧전 5:8)

_____

_____

비교하기

《노아와 나를 비교하여 본받을 점과 고칠 점을 기록해 봅시다》

실천하기

《오늘의 말씀을 생각하면서, 한 주간 동안 꼭 실천할 것을 기록해 봅시다》

_____

_____

점검하기

《한 주간, 나의 신앙생활을 점검해 봅시다》

① 하나님 앞에 온전한 예배를 드렸습니까?	예, 아니오
② 날마다 기도를 열심히 했습니까?	예, 아니오
③ 매일 성경을 읽었습니까?	예, 아니오
④ 지난 주 실천사항을 실천했습니까?	예, 아니오

기도하기

《구역식구들의 형편과 처지를 생각하며, 기도제목을 나누고 함께 기도합시다》

제4과
비극의 주인공 에서

성경본문 : 창 25:22-34, 33:1-17
찬송 : 435, 452장

"야곱이 이르되 형의 장자의 명분을 오늘 내게 팔라
에서가 이르되 내가 죽게 되었으니
이 장자의 명분이 내게 무엇이 유익하리요
야곱이 이르되 오늘 내게 맹세하라
에서가 맹세하고 장자의 명분을 야곱에게 판지라" (창 25:31-33)

인물 탐구

에서는 이삭과 리브가 낳은 쌍둥이 중 맏아들이며, 그의 이름 '에서'란 말은 '털이 많음'을 의미하며, 그의 별명은 에돔이었는데, 그 뜻은 '붉다'는 의미입니다. 그는 야곱의 형이며, 직업은 사냥꾼이었습니다. 아버지 이삭의 사랑을 받은 자요, 에돔 족속의 조상이 되었습니다.

그는 동생 야곱에게 팥죽 한 그릇에 장자권을 팔았으며, 제사권과 재산권도 상실하게 되었습니다. 40세에 헷 족속의 유딧과 바스맛을 아내로 취하여 부모의 근심거리가 되었으며, 후일에 부모의 뜻을 따라 아브라함의 아들 이스마엘의 딸 마할랏을 아내로 취하였습니다.

1. 팥죽 한 그릇에 빼앗긴 믿음

야곱은 성장하여 양치기가 되었고, 에서는 능숙한 사냥꾼이 되었습니다. 그런데 아버지 이삭은 고기를 무척 좋아했으므로 에서를 끔찍이 사랑하였습니다. 에서는 한 마디로 멋있고 인간미 넘치는 사나이였습니다. 검소하고 소박하며 광야와 산을 타면서 단련된 건강한 체구를 가진 남성이었습니다. 그러나 어머니 리브가는 야곱을 사랑했습니다.

리브가는 이삭이 나이가 많아 눈이 어두워 잘 보지 못하므로 죽기 전에 사랑하는 아들 야곱이 장자의 축복을 받도록 하려고 계략을 꾸몄습니다. 그래서 에서가 축복받는 기념으로 이삭에게 맛있는 요리를 마련하려고 사냥을 나간 사이에 야곱이 에서를 대신하여 장자의 축복을 받게 만들었습니다. 에서가 돌아와 사냥한 짐승으로 별미를 만들어 바치며 축복을 받으려 했으나, 이미 장자의 축복은 야곱에게 돌아갔으므로 축복 대신 오히려 저주를 받게 되었습니다.

우리나라는 한때 경제위기를 맞이하여 많은 사람들이 직장을 잃어버리는 아픔을 겪었습니다. 어려움으로 인해 물질적인 것과 현실적인 것만을 추구하다 보면 물질의 소욕에 눈이 어두워져서 에서와 같이 영원한 것을 보지 못하게 됩니다.

♥ 창 27:36에서, 에서는 아버지에게 무엇이라고 말했습니까?
_____
_____

♥ 롬 12:2을 읽고, 우리는 야곱과 비교해서 어떤 사람이 되어야 하겠습니까?
_____
_____

2. 하나님의 긍휼하심

이미 눈앞의 축복이 사라진 후에 아버지께 축복해 달라고 외치는 에서의 외침은 무익한 것이었습니다. 그는 동생에게 장자권을 팔아버린 사실 자체만을 후회했을 뿐 회개하지는 않았기 때문입니다. 죄에 대한 진정한 회개만이 하나님의 용서와 자비를 구할 수 있습니다.

장자권의 축복을 **빼앗긴** 에서는 야곱을 미워하며 아버지가 죽은 후에는 야곱을 죽이려고 결심합니다. 리브가는 에서의 분노가 풀리기까지 야곱을 외삼촌댁 하란으로 피신시켜, 밧단아람에 있는 외삼촌 라반의 집에서 20년을 보낸 후, 불어난 식솔들을 거느리고 고향으로 다시 돌아오게 됩니다. 야곱은 형이 아직도 자기를 미워해서 죽이지나 않을까 염려를 하면서 조심스럽게 고향으로 돌아오고 있었습니다. 그러나 뜻밖에도 에서는 동생 야곱을 용서하고 따뜻하게 맞아들입니다. 여기에서 우리는 형제의 우애를 엿볼 수 있습니다.

우리는 에서를 통해 하나님이 우리에게 주신 복을 한 순간의 실수로 **빼앗길** 수 있음을 보았습니다. 자신의 복을 늘 귀하고 감사하게 간직하고 경홀히 여기지 말아야 할 것입니다.

♥ 에서와 야곱의 상봉장면은 어떠했습니까?(창 33:4-7)

_____

_____

비교하기

《에서와 나를 비교하여 본받을 점과 고칠 점을 기록해 봅시다》

```

```

실천하기

《오늘의 말씀을 생각하면서, 한 주간 동안 꼭 실천할 것을 기록해 봅시다》

점검하기

《한 주간, 나의 신앙생활을 점검해 봅시다》

① 하나님 앞에 온전한 예배를 드렸습니까?	예, 아니오
② 날마다 기도를 열심히 했습니까?	예, 아니오
③ 매일 성경을 읽었습니까?	예, 아니오
④ 지난 주 실천사항을 실천했습니까?	예, 아니오

기도하기

《구역식구들의 형편과 처지를 생각하며, 기도제목을 나누고 함께 기도합시다》

```

```

2월

오직 믿음으로

제 5 과
믿음의 조상 아브라함

성경본문 : 창 12:1-7
찬송 : 213, 216장

"내가 너로 큰 민족을 이루고 네게 복을 주어 네 이름을 창대하게 하리니
너는 복이 될지라 너를 축복하는 자에게는 내가 복을 내리고
너를 저주하는 자에게는 내가 저주하리니
땅의 모든 족속이 너로 말미암아 복을 얻을 것이라 하신지라" (창 12:2-3)

인물 탐구

아브라함은 셈의 후손이요, 우상 숭배자 데라의 아들입니다. 갈대아 우르에서 태어났으며, 이복 누이동생 사라와 결혼했습니다. 그의 이름은 '존귀한 아버지'란 뜻의 '아브람'에서 '열국의 아비'란 뜻의 '아브라함'으로 개명(改名)되었습니다. 그의 슬하에는 이삭과 기타 많은 서자를 두었습니다.

그는 하나님께 소명을 받고 갈 바를 알지 못했으나 믿음으로 담대히 나아간 결단력 있는 신앙의 소유자이며, 100세에 얻은 아들까지도 하나님의 말씀에 따라 바치는 순종하는 믿음의 본보기입니다.

1. 믿음으로 나아가라

아브람 당시 갈대아 우르는 우상 숭배가 가득한 곳이었습니다. 그곳에서 아브람이 하나님의 부르심을 받을 때 갈 바를 알지 못했습니다. 결국 그는 갈 방향도 모르고 믿음으로 하나님께 순종하며 나아감으로 가나안

땅을 기업으로 받을 것과 자손 번성의 약속을 받았습니다. 또한 아브라함이 가나안에 정착하여 살 때, 나그네와 같이 정착민 가운데 장막을 치고 생활을 하였습니다. 이와 같이 우리들도 이 세상에서는 영원히 거할 곳이 없는 나그네 인생입니다. 그러므로 하늘나라를 바라보고 나아가야 하겠습니다.

♥ 하나님의 말씀과 나의 생각이 서로 대립할 때 나는 어떻게 합니까?

---

2. 나의 누이라

아브라함이 자신의 아내를 누이라고 하여 이방인이 아내를 욕보일 지경에까지 이른 경우가 두 번 있었습니다. 이는 그가 약속의 땅에 거할 대 닥친 고통을 이기지 못하고 이방 땅으로 내려갔을 때입니다. 하나님께서 예비한 가나안 땅을 저버리고 좀 살기 편하다고 하여 이방인들이 살고 있는 그럴 땅에 가서 정착했다는 사실은 그의 불신을 구체적으로 나타내주는 것입니다. 만일 아브라함이 하나님을 신뢰하여 약속의 땅 가나안에 그대로 머물러 있었더라면 그런 실수는 하지 않았을 것입니다. 우리는 어떤 상황에서도 하나님을 절대적으로 신뢰해야 하며, 자기 자리를 지킬 때 수치와 시련을 당치 않습니다.

♥ 하나님은 성도가 약속의 땅을 떠났을 때 과연 어떻게 하실까요?

---

3. 여호와 이레의 신앙

아브라함은 100세에 얻은 아들 이삭을 하나님께서 제물로 바치라고 하실 때에도 순종하였습니다. 모리아 산에서 사랑하는 아들을 결박하여 제단에 올려놓고 잡으려는 순간, 하나님은 이삭을 대신하여 숫양을 준비하셔서 '여호와 이레'의 은혜를 베푸셨습니다. 또 한 번은 낯선 손님을 대접하다가 자신도 모르게 천사를 대접한 일도 있었습니다(창 18:2-10; 히 13:2). 우리들은 나름대로 삶의 계획을 세우지만, 그 뒤에는 언제나 하나님의 도우시는 손길과 준비하시는 은혜가 뒤따른다는 사실을 잊어서는 안 됩니다. 따라서 우리들도 하나님께 온전히 순종하며, 손님 대접하기를 힘써 하나님께서 주시는 복과 은총을 얻는 자가 되어야 하겠습니다.

♥ 히 13:2을 읽고 기록하여 봅시다. 그리고 하나님이 우리의 쓸 것을 준비해 주신 경험을 말해 봅시다.

_____

_____

♥ '여호와 이레'는 무슨 뜻입니까?(창 22:14)

_____

_____

비교하기

《아브라함과 나를 비교하여 본받을 점과 고칠 점을 기록해 봅시다》

실천하기

《오늘의 말씀을 생각하면서, 한 주간 동안 꼭 실천할 것을 기록해 봅시다》

점검하기

《한 주간, 나의 신앙생활을 점검해 봅시다》

① 하나님 앞에 온전한 예배를 드렸습니까?	예, 아니오
② 날마다 기도를 열심히 했습니까?	예, 아니오
③ 매일 성경을 읽었습니까?	예, 아니오
④ 지난 주 실천사항을 실천했습니까?	예, 아니오

기도하기

《구역식구들의 형편과 처지를 생각하며, 기도제목을 나누고 함께 기도합시다》

제6과
제물이 된 아들 이삭

성경본문 : 창 26:1-25
찬송 : 397, 593장

"이삭이 거기서 옮겨 다른 우물을 팠더니 그들이 다투지 아니하였으므로 그
이름을 르호봇이라 하여 이르되 이제는 여호와께서 우리를 위하여 넓게
하셨으니 이 땅에서 우리가 번성하리로다 하였더라" (창 26:22)

인물 탐구

이삭은 하나님의 약속을 따라 100세인 아브라함과 사라 사이
에서 태어난 귀한 아들입니다. 그의 이름은 '웃음'이라는 뜻이며, 그에게는
이스마엘이라는 이복형이 있습니다. 그는 아내 리브가에게서 쌍둥이 형제인
에서와 야곱을 낳았습니다.

모리아 산에서 제물로 드려질 때 죽기까지 아버지와 하나님께 순종하였
으며, 블레셋인과 다툼을 싫어하고 피하는 온유하고 화목한 성품의 소유자
였습니다. 아버지 아브라함의 전철을 따라 자신의 생명을 보호하기 위해 아
내를 자신의 누이라 하는 실수를 범하기도 했습니다.

1. 복종하는 믿음

이삭은 하나님의 언약에 의해 태어난 최초의 언약의 후손으로서, 그리스
도 안에서 성령님에 의해 거듭난 모든 성도들을 예표하기도 합니다(갈 4:2
9). 모리아 산에서 제물로 바쳐지기까지 순종한 이삭은 우리를 구원하시기
위해서 자신을 죽기까지 하나님께 복종하던 그리스도의 모형이기도 합니다

(창 22:1-19).

♥ 빌립보서 2:6-8을 읽고 기록해 봅시다.

_____

_____

이삭은 자신이 제물로 드려질 때 비록 젊고 힘센 나이였을지라도 거역하지 아니하고, 연로한 아버지에게 순종하며, 나아가 이를 지시한 하나님께 순종함으로, 이삭 대신 숫양을 예비하신 "여호와 이레"의 영생을 보장받는 은총을 입었습니다. 우리들도 자신의 외적인 지위나 힘, 권세와는 상관없이 하나님의 말씀과 뜻과 권위에 순종함으로 하나님의 은총을 얻는 자가 되어야겠습니다.

♥ 하나님은 어떤 사람에게 은혜를 주십니까?(벧전 5:5)

_____

_____

2. 다툼을 피하는 사람

이삭의 재산이 불어나매 블레셋 사람들이 시기하여 아브라함 때에 파놓았던 우물을 모두 메웠습니다. 다시금 이삭은 자신의 우물을 파게 되었는데, 그랄 목자들이 시기하고 다투어도 그들을 대적하지 않았습니다. 그것도 에섹과 르호봇과 브엘세바에게 이르기까지 세 번씩이나 온유한 마음으로 그들과 다투거나 싸우지 않고 하나님을 의뢰함으로 새로운 우물을 팠습니다. 우리들도 세상 사람들로 인하여 일어나는 다툼을 피하고, 온유한 마음으로 하나님만 의뢰하며 땅 위에서도 잘되는 하나님의 복을 받아야 하겠습니다(창 26:12-22).

♥ 온유한 자가 받을 복이 무엇입니까?(마 5:5)

_____

_____

3. 부전자전

아브라함 때에도 흉년이 있었는데, 이삭 때에도 또다시 흉년이 들어 하나님의 백성인 이삭의 가족도 고난을 겪어야 했습니다. 아버지 아브라함과 동일한 상황에서 두 번씩이나 아내를 누이라고 속이는 실수를 그 역시 범했습니다. 약속의 땅을 떠나 그랄 땅에서 자신의 목숨의 안위를 위하여 아버지의 전철을 밟아 자신의 아내를 누이라 하는 실수를 범했습니다.

그리고 또 하나의 실수는, 하나님 뜻과는 달리 맏아들 에서가 사냥한 고기를 좋아함으로 에서를 야곱보다 더 사랑하고 축복하려 했습니다. 여기서 우리가 생각할 것은, 우리의 생각이 아무리 현명하고 바르다고 할지라도 하나님의 뜻이 아니면 행동으로 옮기지 말아야 합니다. 하나님은 인간의 계략이 아니라도 그 어떤 경우에도 택한 백성을 안위하시며 보호하신다는 사실을 깨달아야 합니다.

♥ 우리는 현실적 고난이 영적 생활에 있어서는 오히려 큰 유익이 되는 것을 체험한 적이 있습니까?

_____

_____

비교하기

《이삭과 나를 비교하여 본받을 점과 고칠 점을 기록해 봅시다》

실천하기

《오늘의 말씀을 생각하면서, 한 주간 동안 꼭 실천할 것을 기록해 봅시다》

점검하기

《한 주간, 나의 신앙생활을 점검해 봅시다》

① 하나님 앞에 온전한 예배를 드렸습니까?	예, 아니오
② 날마다 기도를 열심히 했습니까?	예, 아니오
③ 매일 성경을 읽었습니까?	예, 아니오
④ 지난 주 실천사항을 실천했습니까?	예, 아니오

기도하기

《구역식구들의 형편과 처지를 생각하며, 기도제목을 나누고 함께 기도합시다》

제7과
역사를 바꾸는 야곱

성경본문 : 창 32:22-32
찬송 : 363, 365장

"그가 이르되 네 이름을 다시는 야곱이라 부를 것이 아니요
이스라엘이라 부를 것이니
이는 네가 하나님과 및 사람들과 겨루어 이겼음이니라" (창 32:28)

인물 탐구

야곱은 이삭과 리브가 사이의 쌍둥이 중 둘째 아들이며, "야곱"은 '발꿈치를 잡았다'는 뜻입니다. 얍복강 가에서 천사와 씨름 후, 이름이 '하나님과 겨루어 이김'이란 뜻의 "이스라엘"로 개명되었습니다. 레아, 실바, 라헬, 빌하 등을 통해서 이스라엘의 12지파의 족장이 되는 아들들을 낳았습니다.

야곱은 형 에서의 장자권의 축복을 빼앗은 간교하고 약삭빠른 자이며, 20년간 외삼촌 라반의 양떼를 돌보며, 자신의 목적을 위해 오래 참는 인내의 소유자입니다.

1. 형의 발뒤꿈치를 잡은 사람

야곱은 나면서부터 욕심이 많고 수단이 좋은 사람이었습니다. 자기 마음에 맞는 것을 보면 수단과 방법을 가리지 않고 손아귀에 넣고야 말았습니다. 야곱은 그의 형 에서와 그의 아버지 이삭을 속임으로, 그 결과 자신이 삼촌 라반에 의해 10번이나 속임을 당합니다. 이것은 하나님의 공의로

우신 법칙으로서 심은 대로 거둔다는 원칙을 보여 줍니다. 따라서 우리 구원받은 성도들은 구원 얻은 자로서 일상생활 가운데서도 항상 선과 의로운 생활을 하도록 주의해야 하겠습니다.

야곱은 비록 선천적으로 남을 속이고 자신의 뜻을 위하여 간교한 수단을 쓰는 자일지라도, 출생 전부터 이미 하나님으로부터 선택을 받은 자입니다. 이것은 오늘날 하나님이 선택하여 주심으로 구원받은 우리 성도들로 하여금 한번 택하신 자는 끝까지 사랑해 주시는 하나님의 무조건적 은혜와 자비를 깨닫게 해줍니다.

♥ 야곱의 인생을 통하여 하나님이 주시는 의미를 로마서 8:28-30에서 찾아봅시다.

_____

_____

2. 천사와 씨름하는 사람

야곱은 매우 지독하고 악착스러운 사람이었습니다. 그는 마침내 하나님과 힘을 겨루기까지 하였습니다. 그것은 얍복강 가에서 이루어졌습니다. 그는 고향으로 가는 길에 형 에서에 대한 두려움으로 밤이 맞도록 기도하며 자신의 일생을 돌이켜 보았습니다. 그의 기도는 하나님의 마음을 바꾸어 놓을 만큼 끈질긴 것이었습니다.

야곱은 그가 속인 형 에서가 자신을 만나러 나올 것을 대비하여 인간적인 최선의 준비를 다한 후에도 하나님의 도움을 놓고 처절한 기도를 드렸습니다. 그 결과 그는 응답을 받았습니다. 이것은 오늘날 우리들에게 어려운 일이 있을 때마다 최선의 노력과 함께 하나님께 기도해야 함을 보여 주는 좋은 예가 됩니다.

♥ 얍복강 가에서 야곱은 어떤 기도를 했습니까?(창 32:9-12)

_____

_____

3. 역사를 바꾸는 사람

'발뒤꿈치를 잡은 자', 즉 시기심과 경쟁심, 욕심이 많고 개인주의적이며 자기중심적인 사람 야곱이 밤이 맞도록 하나님께 깊이 회개하며 은총을 갈구했을 때 새사람이 되는 놀라운 변화가 일어난 것입니다. 즉 야곱이 이스라엘로 변한 것입니다. '이스라엘'이란 '하나님과 겨루어 이긴 자'라는 뜻입니다. 그런데 이 이름은 야곱 스스로 지어낸 것이 아니라 하나님께서 지어주신 것이기에 하나님의 커다란 축복입니다. 이러한 야곱의 변화는 얍복강 가에서 천사에 의해 환도 뼈가 탈골되는 아픔을 당한 후에 서서히 새사람으로 변화되었습니다. 이것은 우리들도 어제보다 오늘이, 그리고 내일이 더 신앙적으로 성숙해가는 생활의 삶을 살아야 할 것임을 보여 줍니다.

♥ 롬 8:12-13을 읽고 기록해 봅시다.

_____

_____

비교하기

《야곱과 나를 비교하여 본받을 점과 고칠 점을 기록해 봅시다》

```
┌─────────────────────────────────────────────┐
│                                             │
│                                             │
│                                             │
│                                             │
│                                             │
│                                             │
└─────────────────────────────────────────────┘
```

실천하기

《오늘의 말씀을 생각하면서, 한 주간 동안 꼭 실천할 것을 기록해 봅시다》

점검하기

《한 주간, 나의 신앙생활을 점검해 봅시다》

① 하나님 앞에 온전한 예배를 드렸습니까?	예, 아니오
② 날마다 기도를 열심히 했습니까?	예, 아니오
③ 매일 성경을 읽었습니까?	예, 아니오
④ 지난 주 실천사항을 실천했습니까?	예, 아니오

기도하기

《구역식구들의 형편과 처지를 생각하며, 기도제목을 나누고 함께 기도합시다》

```
┌─────────────────────────────────────────────┐
│                                             │
│                                             │
│                                             │
│                                             │
│                                             │
│                                             │
└─────────────────────────────────────────────┘
```

제 8 과
꿈꾸는 청년 요셉

성경본문 : 창 39:1-23
찬송 : 336, 374장

"그의 주인이 여호와께서 그와 함께하심을 보며
또 여호와께서 그의 범사에 형통하게 하심을 보았더라" (창 39:3)

인물 탐구

요셉은 야곱이 라헬에게 낳은 열한 번째 아들로서 하란에서 출생했습니다. "요셉"이란 이름은 '하나님께서 더 하신다'라는 뜻입니다. 애굽 여인 아스낫과 결혼했으며, 에브라임과 므낫세를 낳았습니다.

요셉은 이삭의 특별한 사랑을 받았고 재질이 뛰어나며, 하나님 섬기기를 한결같이 하여 형제 중에 가장 뛰어난 인품의 소유자였습니다. 그 때문에 형들로부터 미움을 받아 애굽의 노예상에게 팔려갔으나, 후에 애굽의 총리대신이 되어 전국적인 기근이라는 위기 속에서도 정사를 잘 운영하였으며, 양식을 구하러 온 형들을 만나 아버지와 같이 그곳에서 살게 되었습니다.

1. 고난당하는 요셉

요셉은 젊었을 때 꿈을 꾸고 큰 이상을 품고 살았습니다. 그 결과 그는 후에 그 하나님의 계시대로 애굽의 총리직에 올라 남을 구원하고 통치하는 삶을 살았습니다. 이와 같은 사실은 오늘 우리들도 하나님의 말씀 안에서 꿈과 이상을 가지고 삶으로써 하나님의 뜻을 이루어나가는 삶을 살

것을 암시해 줍니다.

♥ 창 37:6-9에서, 요셉이 꾼 꿈은 어떤 것입니까?

그러나 형들의 시기로 말미암아 애굽으로 팔려간 요셉은 보디발의 집에서 종노릇하며, 13년간의 감옥살이의 시련을 받았습니다. 그러나 그는 이 고난의 기간에도 하나님을 원망하지 않고 하나님과 동행하고 연단 받은 결과 그는 신앙을 성숙시켰고, 마침내 애굽의 총리직에 오르는 영광을 누렸습니다. 이것은 오늘날 우리 성도들로 하여금 장차 그리스도의 영광을 얻기 위하여 현재 우리에게 다가오는 고난 속에서 낙심하지 말고 연단을 받아야 함을 암시합니다.

♥ 고난이 오는 이유는 무엇입니까?(롬 8:17-18)

---

2. 총리직에 오른 요셉

요셉은 애굽의 보디발 가(家)의 총무로 있을 때 보디발의 처의 끈질긴 유혹을 하나님을 경외하는 의로운 마음으로 거절함으로서 그의 생애에 오점을 남기지 않았습니다. 이와 같은 사실은 요셉으로 하여금 신앙의 연단을 받은 자로서 총리직에 오르기에 부족함이 없도록 하였습니다. 나아가서 요셉은 인간적 온유함과 성실, 그리고 여호와 제일주의의 신앙으로 언제 어디서나 만인에게 인정받는 인생을 살았습니다. 따라서 우리들도 주님을 믿고 거듭난 후에도 우리의 삶 가운데서 불의와 죄악을 제거하는 깨끗한 삶을 살아서 하나님이 주시는 복을 받는 자들이 되어야 하며, 주위로부터 인정받을 만한 삶을 살아서 하나님께 영광을 돌려야 하겠습니다.

♥ 마 5:16은 우리가 어떻게 살 것을 권면하고 있습니까?

_____

_____

3. 바로 왕 앞의 요셉

노예로 팔려온 요셉이 감히 대국의 왕인 바로 앞에 서리라고는 아무도 상상치 못했을 것입니다. 그러나 그것은 "때가 차매" 당신의 뜻을 이루시는 하나님의 경륜이었으며, 요셉은 그것을 하나님을 증거하는 기회로 삼았습니다. 바로의 앞에 선 요셉은 "들은즉 너는 꿈을 들으면 즉시 푼다더라"고 하는 바로의 말에, 즉시 그 능력이 자신에게 있는 것이 아니고 하나님께 있는 것임을 강조하여 말했습니다. 하나님을 모르는 사람 앞에서 스스로 꿈 해석의 능력자인 양 말할 수도 있었을 것입니다. 그러나 그는 고난 중에서 하나님의 존재와 초자연적 섭리와 능력을 체험했을 것입니다. 이는 자신을 낮추는 겸손과 하나님께만 영광 돌리는 그의 자세입니다. 우리들도 교회에서 일할 때 겸손하게 하나님이 주시는 능력으로 일하는 자들이 되어야 하겠습니다.

비교하기

《요셉과 나를 비교하여 본받을 점과 고칠 점을 기록해 봅시다》

실천하기

《오늘의 말씀을 생각하면서, 한 주간 동안 꼭 실천할 것을 기록해 봅시다》

점검하기

《한 주간, 나의 신앙생활을 점검해 봅시다》

① 하나님 앞에 온전한 예배를 드렸습니까?	예, 아니오
② 날마다 기도를 열심히 했습니까?	예, 아니오
③ 매일 성경을 읽었습니까?	예, 아니오
④ 지난 주 실천사항을 실천했습니까?	예, 아니오

기도하기

《구역식구들의 형편과 처지를 생각하며, 기도제목을 나누고 함께 기도합시다》

3월

자신을 돌아보며

제9과
인류 최초의 살인자 가인

성경본문 : 창 4:1-15
찬송 : 21, 68장

"가인과 그의 제물은 받지 아니하신지라
가인이 몹시 분하여 안색이 변하니" (창 4:5)

인물 탐구

가인은 아담의 첫째 아들이며, 그의 이름의 의미는 '소유', 또는 '획득'이란 뜻입니다. 그는 주로 농업에 종사했습니다.

가인은 자신의 재물이 열납 되지 않음을 인하여 분을 내는 독선적 성격을 소유하였으며, 제물이 열납 된 동생 아벨을 살인할 정도로 시기심이 강하고 과격한 자라고 볼 수 있습니다. 하나님 앞에서도 동생 아벨을 살해한 죄를 감추었으며, 동생의 목숨을 쉽게 빼앗으면서 자신의 목숨에는 연연해하는 이기주의자입니다.

1. 가인의 제사와 제물

가인은 자신이 아담 안에서 죄인임에도 불구하고 피 없는 제물, 즉 '땅의 소산'을 드렸습니다. 결과 그의 제물은 하나님이 받지 않으셨습니다. 아담 안에서 모든 죄인은 피 흘림으로만 하나님께 제물을 드릴 수 있었으나, 가인은 자신의 뜻대로 자신의 수확을 하나님께 드림으로 거절당하였던 것입니다. 따라서 양이 아닌 곡물을 바쳐서 받지 않으셨다기 보다는 양의 피를 원하시는 하나님의 뜻을 무시하고 무조건 자기가 선택한 제물로만 제사를 드림으로써, 즉 제물 자체의 문제가 아니라 하나님의 뜻을 따르지 않았기 때문에 거절당했습니다. 만약 그가 양의 제사를 드리고 곁들여 자신의 곡물도 바쳤다면 하나님은 더욱 기뻐하셨을 것입니다. 또한 그는 그 제사의 전 과정에서도 믿음으로 제사를 드린 것이 아니었습니다.

♥ 가인의 제물은 왜 받으시지 않으셨습니까? 우리는 어떤 마음으로 하나님께 예배를 드려야 합니까?

_____

_____

2. 가인의 분노

가인은 그의 제물이 거절당한 후 분을 참지 못하고 결국 제물이 열납된 동생 아벨을 살해하였습니다. 성경에 해가 지도록 분을 품지 말라고(엡 4:26) 교훈하고 있습니다. 이것은 분을 통하여 죄를 지을 가능성이 많기 때문입니다. 그러나 가인은 그 분을 삭이지 못하고 결국 아벨을 살해하였습니다. 우리들도 분을 내지 말고 분을 내어도 죄를 짓지 않도록 주의하여야 하겠습니다.

♥ 가인이 분을 낼 때 하나님은 무엇이라 말씀하셨습니까?(창 4:7)

_____

_____

더구나 가인은 아벨을 죽인 후 하나님께 책망 받을 때, 자신의 죄를 자백하고 용서를 빌지 않고 오히려 "내가 동생을 지키는 자입니까?"라고 따지며 반박했습니다. 결과 그는 모든 것을 아시는 하나님 앞에서 정죄당하고 심판받는 데에 이르렀습니다. 우리는 고의는 실수든 죄를 지었을 때, 그 죄를 하나님 앞에 겸손히 고백하고 용서를 빌어야 할 것입니다. 하나님은 의로우시고 미쁘시사 죄를 자백하고 용서를 빌 때 용서하시고 죄를 사하여 주십니다(요1 1:9).

3. 하나님의 사랑

가인은 하나님의 심판 후 그의 죄벌이 무거움을 인하여 하나님께 간구함으로 긍휼을 입었습니다. 이것은 하나님께서는 죄인을 반드시 심판하시는 분이시나 또한 그 죄인이 긍휼을 간구할 때 당신의 긍휼을 베푸시는 분이심을 깨닫게 합니다(창 4:13-15).

가인은 하나님의 긍휼로 생명의 연장을 받았습니다. 그러나 그는 그 후 자신의 근본적 죄까지도 참회하여 영원한 사죄까지 얻어야 했으나, 당장의 목숨 보존에만 만족하여 근본적인 회개에는 이르지 못하였습니다. 또한 그 자신과 그의 후손들은 놀라운 물질문명의 발전을 가져왔으나 신앙의 참 가치와 복을 얻는 자의 무리에서는 제외되었습니다. 여기서 우리는 하나님은 이 땅에서의 축복은 물론 영생까지 주실 수 있는 분이신데, 그분에게 이 땅에서의 복만 구하는 것은 어리석은 일임을 깨달아야 합니다.

♥ 딤전 6:17-19에는 무엇이라 말하고 있습니까?

_____

_____

비교하기

《가인과 나를 비교하여 본받을 점과 고칠 점을 기록해 봅시다》

실천하기

《오늘의 말씀을 생각하면서, 한 주간 동안 꼭 실천할 것을 기록해 봅시다》

점검하기

《한 주간, 나의 신앙생활을 점검해 봅시다》

① 하나님 앞에 온전한 예배를 드렸습니까?	예, 아니오
② 날마다 기도를 열심히 했습니까?	예, 아니오
③ 매일 성경을 읽었습니까?	예, 아니오
④ 지난 주 실천사항을 실천했습니까?	예, 아니오

기도하기

《구역식구들의 형편과 처지를 생각하며, 기도제목을 나누고 함께 기도합시다》

제10과
잘못된 선택을 한 롯

성경본문 : 창 13:1-18
찬송 : 336, 435장

"이에 롯이 눈을 들어 요단 지역을 바라본즉
소알까지 온 땅에 물이 넉넉하니
여호와께서 소돔과 고모라를 멸하시기 전이었으므로
여호와의 동산 같고 애굽 땅과 같았더라" (창 13:10)

인물 탐구

롯은 하란의 아들이요, 아브라함의 조카입니다. 그의 이름의 의미는 '가리웠다'라는 뜻입니다. 삼촌 아브라함을 좇아 가나안과 애굽으로 이주하여 살다가 아브라함의 목자들과 자신의 목자들의 다툼으로 인해 헤어질 때, 그는 아름다운 소돔 평원으로 가고 아브라함은 가나안에 거하였습니다. 소돔성이 악하여 하나님이 유황불로 멸망시킬 때 의인 롯의 가족만 구원받았는데, 그의 처는 재물에 연연하여 뒤를 돌아보다가 소금기둥이 되었습니다. 그 후 두 딸과 동침하여 모압과 암몬 족속의 아비가 되었습니다.

1. 잘못된 선택

애굽에서 나온 아브람과 롯은 불어난 재산 때문에 분가하게 됩니다. 아브람은 롯과의 화평을 위해서 롯에게 선택의 우선권을 양보했습니다. 그것은 단지 어른으로서의 관용 때문만이 아니라 하나님이 약속하신 땅에

우거하기를 원하는 신앙 때문이었습니다(히 11:9). 그러나 롯은 소돔에 정착하여 집을 소유함으로서, 이기적이고 가시적인 그의 선택은 나그네 인생길 곧 세상에 정착해 버리는 퇴색한 그리스도인의 모습을 보여 줍니다. 세상에 집착하는 이유는 기도가 없었기 때문입니다. 하나님께 기도하는 아브람과는 대조적으로 롯은 중대한 결정을 앞에 놓고 하나님의 뜻을 생각해 보거나 기도하지 않았습니다. 롯은 가장 어리석은 선택을 했습니다. 그의 선택의 결과는 유황불 심판입니다. 복은 하나님께로부터 온다는 것을 깨달은 아브람의 믿음을 보면서 우리들도 지혜로운 선택을 할 수 있어야 하겠습니다.

♥ 우리는 선택의 기로에 섰을 때마다 기도하며 결정해야 합니다. 그리고 우리가 어떤 일을 결정할 때 우리의 우선순위는 무엇입니까?

_____

_____

2. 천사들을 대접한 롯

소돔과 고모라 성에 살고 있는 롯의 집에 두 천사가 찾아왔습니다. 이때 롯은 그의 삼촌 아브라함의 신앙의 모습을 본받아서 부지중에 방문한 손님들을 친절하게 영접하고 극진히 대접했습니다. 그는 비록 죄악과 탐욕의 도시에서 장기간 살아왔지만, 죄악 된 일에 열중하지 않고 홀로 성문에 앉아 있었고, 그 죄악상을 책망하기도 했었습니다. 그러므로 롯은 비록 물질을 추구하는 연약한 믿음을 가졌지만, 그 마음속에는 여호와에 대한 경건함을 지니고 있으며, 구별된 삶을 살았다고 보여집니다.

소돔에서 하나님을 잊어버리고 재물과 죄와 더불어 혼탁한 삶을 살면서도 천사가 찾아왔을 때 대접을 하는 롯의 모습은, 오늘날 세상과 적당히 타협하면서도 하나님의 신앙을 지키기 위해 애쓰는 대다수 그리스도인들의 모습을 연상시킵니다.

♥ 살전 5:22의 말씀은 악에 대하여 우리에게 어떻게 하라고 하십니까?

_____

_____

3. 세속적 모습을 지닌 롯

한편으로는 소돔의 죄악상과 함께 거기에 대처하는 롯의 태도를 볼 수 있습니다. 롯의 집을 방문한 손님들과 성(性)관계를 맺기 위해 롯의 집을 포위한 사람들을 통해서 그 시대가 얼마나 노골적으로 타락했는가를 알 수 있습니다. 그러나 롯에게도 큰 문제가 있습니다. 그가 천사들을 대접하고, 위험을 무릅쓰고 그들을 보호하려고 했던 신앙적 자세에도 불구하고 그는 여전히 인간적이며 세속적이었습니다. 그는 소돔에 머물러 있으면서 이미 소돔사람과 약혼시킨, 두 딸을 내어 주겠다는 그의 처세는 악을 다른 악으로 대치하겠다는 지극히 불경건한 태도입니다.

♥ 하나님께서는 주어진 삶의 여정에서 어떻게 사는 사람을 기뻐하십니까?

_____

_____

비교하기

《롯과 나를 비교하여 본받을 점과 고칠 점을 기록해 봅시다》

실천하기

《오늘의 말씀을 생각하면서, 한 주간 동안 꼭 실천할 것을 기록해 봅시다》

점검하기

《한 주간, 나의 신앙생활을 점검해 봅시다》

① 하나님 앞에 온전한 예배를 드렸습니까?	예, 아니오
② 날마다 기도를 열심히 했습니까?	예, 아니오
③ 매일 성경을 읽었습니까?	예, 아니오
④ 지난 주 실천사항을 실천했습니까?	예, 아니오

기도하기

《구역식구들의 형편과 처지를 생각하며, 기도제목을 나누고 함께 기도합시다》

제11과
탐욕스러운 종교인 발람

성경본문 : 민 22:1-40
찬송 : 255, 258장

"발람이 여호와의 사자에게 말하되 내가 범죄하였나이다
당신이 나를 막으려고 길에 서신 줄을 내가 알지 못하였나이다
당신이 이를 기뻐하지 아니하시면 나는 돌아가겠나이다 "(민 22:34)

인물 탐구

발람은 유브라데 강변에 있는 메소보다미아 브돌 주민이며, 브올의 아들입니다. "발람"이란 이름은 '백성을 망하게 하는 자'란 의미이며, 그는 또한 점술가이기도 합니다.

그는 발락이 제안한 물질에 눈이 어두워 끝까지 이스라엘 민족을 저주하려 하는 탐심이 많으며, 마음을 물질에 빼앗겼으며, 거듭되는 하나님의 경고와 강권적인 역사에도 불구하고 자신의 이익을 추구하는 패역한 자였습니다.

1. 분명한 태도를 취해야

모압과 발락이 발람에게 사람을 보내어 이스라엘을 저주하여 달라고 청하자, 하나님은 발람에게 그들과 함께 가지도 말고 저주하지도 말라고 경고하셨습니다. 발람은 처음에는 결코 물질과 명예의 유혹 앞에서도 하나님의 뜻을 거역하지 않겠다고 했으나, 결국은 자기의 이익을 좇아 하나님의 뜻을 거역하고 모압 사람들과 함께 하나님을 떠나버렸습니다.

유혹의 손길이 가까이 올 때 하나님의 종들은 명확하게 태도를 취해야 합니다. 발람이 처음부터 태도를 분명하게 했으면 발락이 다시는 사람을 보내지 않았을 것입니다. 무슨 일이든지 처음부터 분명한 태도를 취하는 것이 좋습니다. 자기의 체면이나 물질적인 유혹이나 사람에 대한 미련 때문에 신앙적인 태도를 분명히 취하지 않으면 그것이 올무가 되어서 빠져 나올 수 없는 함정에 빠지게 되는 경우가 많습니다.

♥ 우리에게 유혹의 손길이 다가올 때, 우리는 어떻게 하여야 하겠습니까?(엡 4:22)

_____

_____

2. 불의의 삶을 사랑한 발람

발락은 발람이 오기만 하면 재물뿐만 아니라 높은 벼슬도 주고 크게 존귀케 하겠다고 약속했습니다. 이스라엘을 저주만 해주면 부와 권세와 명예와 세상 영광을 다 누리게 해주겠다고 제안했습니다. 그러나 그는 '발락이 그 집에 은금을 가득히 채워서 자기에게 줄지라도 능히 여호와의 말씀을 더하거나 뺄 수 없다'고 대답했습니다. 그러나 19절에 "그런즉 이제 너희도 이 밤에 여기서 유숙하라 여호와께서 내게 무슨 말씀을 더하실는지 알아보리라"고 말했습니다. 발람은 머리로는 하나님의 뜻이 무엇인지 잘 알고 있었지만 마음으로는 불의의 삶을 사랑하고 있었습니다. 발람은 하나님의 뜻을 거스르고 싶지 않을 뿐만 아니라 세상의 부귀영화도 누리고 싶었습니다. 재물과 하나님을 동시에 섬기려고 했습니다. 그 밤에 하나님께서 발람에게 "그 사람들이 너를 부르러 왔거든 일어나 함께 가라 그러나 내가 네게 이르는 말만 준행할지니라"(민 22:20)고 말씀하셨습니다. 이는 발람의 마음에 세상을 사랑하는 마음이 가득하였기 때문이었습니다.

♥ 베드로는 모압 귀족들을 좇아 간 발람을 가리켜 무엇이라고 했습니까?(벧후 2:15-16)

_____

_____

3. 나귀의 입을 여신 하나님

여호와의 사자가 발람을 막으려고 칼을 들고 길에 서 있었습니다. 그렇지만 발람은 여호와의 사자를 보지 못했습니다. 이는 불의의 삯을 사랑하는 마음에 영적인 눈이 닫혀 있었기 때문이었습니다. 그러한 발람에게 하나님은 나귀의 입을 여시고 그의 양심을 일깨워 주셨습니다. 하나님은 우리가 패역한 길로 갈 때 여러 가지 사건들을 통해서 회개할 수 있도록 경고를 해 주십니다. 이때 우리는 자신을 하나님 앞에서 자신을 살피고 난 다음에 숨은 죄악을 회개해야 합니다. 그렇지 않고 발람과 같이 탐욕에 눈이 어두워지면 하나님의 준엄한 심판을 피할 수 없습니다. 우리는 크고 작은 사건들을 통해서 영적인 위험을 알리시는 하나님께 감사하며 나아가야 하겠습니다.

♥ 여호와의 사자가 전한 메시지는 무엇입니까?(민 22:32-33)

_____

_____

비교하기

《발람과 나를 비교하여 본받을 점과 고칠 점을 기록해 봅시다》

실천하기

《오늘의 말씀을 생각하면서, 한 주간 동안 꼭 실천할 것을 기록해 봅시다》

점검하기

《한 주간, 나의 신앙생활을 점검해 봅시다》

① 하나님 앞에 온전한 예배를 드렸습니까?	예, 아니오
② 날마다 기도를 열심히 했습니까?	예, 아니오
③ 매일 성경을 읽었습니까?	예, 아니오
④ 지난 주 실천사항을 실천했습니까?	예, 아니오

기도하기

《구역식구들의 형편과 처지를 생각하며, 기도제목을 나누고 함께 기도합시다》

제12과
최초의 여선지자 미리암

성경본문 : 민 12:1-8
찬송 : 454, 455장

"그와는 내가 대면하여 명백히 말하고 은밀한 말로 하지 아니하며
그는 또 여호와의 형상을 보거늘
너희가 어찌하여 내 종 모세 비방하기를 두려워하지 아니하느냐" (민 12:8)

인물 탐구

아므람과 요게벳의 딸이며, 그의 이름 "미리암"은 '높이운 자, 괴로움' 또는 '바다의 별'이란 뜻입니다. 아론과 모세의 누이이며, 하나님에 의해 선택된 최초의 여선지자입니다. 광야생활 중에 독신으로 살다가 죽었습니다.

어린 나이로 모세를 지키고, 바로왕의 딸에게 생모를 유모로 주선할 만큼 지혜롭고 총명했으며, 모세의 지도자적 권위를 탐낼 만큼 시기심과 질투가 강한 자이기도 했습니다.

1. 지혜로운 미리암

이스라엘 백성의 숫자가 많아지자 애굽의 왕은 이스라엘 백성의 늘어남을 막기 위해서 갓난 사내아이들을 모두 죽이도록 명령을 내렸습니다. 미리암은 어린 모세를 갈대상자에 넣어 나일강에 띄워 보내면서 그 생명이 구출되기를 바랐습니다. 마침 애굽의 공주가 물놀이를 나왔다가 자기 동생 모세를 발견하고 아이를 데려가서 키우려고 할 때, 어머니를 유모로

쓰도록 하여 지혜롭게 모세의 생명을 구하고, 결국 출애굽이라는 위대한 사역에 동참하게 되었습니다. 이처럼 하나님이 주신 지혜는 생명을 구할 수 있게 할 뿐만 아니라 하나님의 역사에 유용하게 쓰임 받게 됩니다. 그러므로 우리는 일을 하는데 있어서 먼저 위로부터 난 지혜를 구하여야 합니다. 그리하면 모든 사람에게 후히 주시고 꾸짖지 아니하시는 하나님께서 지혜를 베풀어주실 것입니다.

♥ 다음 성경은 우리에게 무엇을 약속하고 있습니까?(약 1:5)

_____

_____

2. 미리암의 거역

아론은 장자이고 모세는 차자이며 미리암은 장녀입니다. 모세는 아론과 미리암의 동생입니다. 그러나 하나님은 모세를 그들의 대표자로 세우셨습니다. 그런데 모세는 구스 여인, 곧 함의 후손을 처로 맞이하였습니다. 모세는 셈의 후손이었기 때문에 그가 행한 이 일은 옳지 못하였습니다. 미리암은 누이였고 아론은 형이었기에 그들은 모세가 구스 여인을 취한 것을 인하여 책망할 수 있었습니다. 그러나 여기서 그들은 집안일을 언급했을 뿐 아니라 하나님의 일과 연결시켰습니다. 하나님의 종의 실책에 대하여서는 오직 하나님만이 책망하실 자격이 있고 다른 사람은 책망할 자격이 없습니다. 이것은 곧 하나님의 권위에 도전하는 것입니다. 오늘날 많은 사람들이 그의 앞에 있는 사람을 비방하고 임의로 주의 종을 대합니다. 그러나 우리는 하나님께서 우리의 눈을 열어 주사 권위의 문제가 얼마나 엄중한지를 보게 해주시기를 구해야 합니다.

3. 징계 받은 미리암

하나님이 미리암과 아론에 대하여 노하신 후에 구름이 회막을 떠났고 하나님의 임재도 떠났습니다. 언제든지 비방이 있으면 하나님은 그분의 임재를 거두어 가시며, 하나님의 백성들은 행동에 제한을 받게 됩니다. 뿐만 아니라 미리암은 문둥병에 걸렸는데, 이는 미리암이 이 일의 주동자였기 때문입니다. 문둥병에 걸린 사람은 구스 사람보다 더 좋을 수 없습니다. 구스 사람은 피부의 색이 검을 뿐이지만, 문둥병에 걸린 사람은 정결하지 못하고 진 밖에 칠 일 간 갇혀 하나님의 백성을 가까이 할 수 없습니다. 이 일을 어떻게 해결해야 합니까? 모세로 하여금 그의 누이를 치료해 주시도록 하나님께 구해야 합니다.

♥ 하나님은 모세에게 무엇이라고 말씀하셨습니까?(민 12:14)

이 일 후에 구름기둥이 일어났을 때 비로소 이스라엘은 전진할 수 있었습니다. 하나님은 이러한 방법을 사용하여 수치로서 수치를 제하십니다. 그런 다음 그들의 비방의 죄가 용서를 받게 됩니다. 이처럼 하나님은 인간의 반역에 대해 어떤 형태로든지 징계를 하십니다. 오늘날 우리도 하나님의 뜻에 대하여 내 뜻대로 하겠다는 불손한 태도와 반역을 행하고 있지는 않은지 살펴보아야 하겠습니다.

비교하기

《미리암과 나를 비교하여 본받을 점과 고칠 점을 기록해 봅시다》

```
┌─────────────────────────────────────────────┐
│                                             │
│                                             │
│                                             │
│                                             │
│                                             │
└─────────────────────────────────────────────┘
```

실천하기

《오늘의 말씀을 생각하면서, 한 주간 동안 꼭 실천할 것을 기록해 봅시다》

_____

_____

점검하기

《한 주간, 나의 신앙생활을 점검해 봅시다》

① 하나님 앞에 온전한 예배를 드렸습니까?	예, 아니오
② 날마다 기도를 열심히 했습니까?	예, 아니오
③ 매일 성경을 읽었습니까?	예, 아니오
④ 지난 주 실천사항을 실천했습니까?	예, 아니오

기도하기

《구역식구들의 형편과 처지를 생각하며, 기도제목을 나누고 함께 기도합시다》

```
┌─────────────────────────────────────────────┐
│                                             │
│                                             │
│                                             │
│                                             │
│                                             │
└─────────────────────────────────────────────┘
```

제13과
봉헌 물을 훔친 아간

성경본문 : 수 7:1-26
찬송 : 255, 311장

"그러므로 여호수아가 아간에게 이르되 내 아들아 청하노니
이스라엘의 하나님 여호와께 영광을 돌려 그 앞에 자복하고
네가 행한 일을 내게 알게 하라 그 일을 내게 숨기지 말라 하니
아간이 여호수아에게 대답하여 이르되 참으로 나는 이스라엘의 하나님
여호와께 범죄하여 이러이러하게 행하였나이다" (수 7:19-20)

인물 탐구

　유다 지파 세라의 증손이요, 삽디의 손자이며, 갈미의 아들입
니다. "아간"은 '곤란'이라는 뜻이며, 그의 배신행위 이후 '괴롭히는 자'라
는 뜻의 "아갈"로 불렸습니다.

　아름다운 외투와 금·은을 보고 현혹되어 이를 훔친 탐욕이 가득한 자요,
자신의 이기적 욕망에 따라 하나님의 명령까지도 어기는 망령된 자입니다.
결국 아골 골짜기에서 돌에 맞아 죽임을 당하고 시체는 불태워졌습니다.

1. 아간의 범죄

　아간은 여리고 성 전투에 참가하여 지도자 여호수아의 명대로 행했고,
또 승리를 경험한 믿음의 용사였습니다. 그러나 지금까지 이스라엘 백성
들은 믿음으로 넘실거리는 요단을 거뜬히 건넜고, 길갈에서는 하나님의
백성으로서 마땅히 가져야 할 할례의식과 유월절의식을 행했습니다. 그리

고 하나님의 작전지시에 순종함으로써 난공불락의 여리고성도 거뜬히 무너뜨렸습니다. 그러나 쉽게 이길 수 있으리라 예상했던 아이성 전투에서는 오히려 큰 실패를 맛보게 되었습니다. 그들이 아이성 전투에서 패배한 이유 중 가장 큰 원인은 아간의 범죄 때문이었습니다.

그는 아름다운 외투와 금과 은을 보는 순간 탐심이 생겨 하나님께 바쳐진 성물을 훔치는 범죄를 저지르게 되었고, 종국에는 심판을 받았습니다. 이처럼 사단은 호시탐탐 성도를 노략하기 위해 물질로써 유혹합니다. 그러므로 우리는 이러한 유혹에 넘어가지 않도록 늘 탐욕을 경계해야 합니다.

♥ 누가 12:15의 말씀을 기록해 봅시다.

_____

_____

2. 회개치 않는 아간

여호수아는 하나님의 명령대로 그들 가운데서 범인을 찾아내기 위해 아침에 일찍이 일어나서 이스라엘을 그 지파대로 나아오게 하였습니다. 그 지파대로 제비를 뽑았는데, 마침내 아간이 뽑히게 되었습니다. 아간은 자기가 뽑힐 때까지 자신을 숨긴 것을 보면 회개할 마음이 전혀 없었음을 알 수 있습니다. 그가 만일 하나님을 두려워하고 회개할 마음이 있었다면 이스라엘이 패배했을 때 자기 죄 때문임을 깨닫고 즉시 회개했을 것입니다. 그러나 그는 끝까지 회개하지 않고 있다가 결국에는 모든 숨은 죄가 드러나 큰 수치를 당하고 멸망하게 되었습니다.

이렇듯 자신의 죄악을 끝까지 숨기려 드는 완악함은 주님을 떠나 결국에는 자신의 죄 값을 인하여 사망에 이르게 하는 불신앙인 것입니다.

♥ 자기가 지은 죄을 자복하지 않으면 어떻게 됩니까?(잠 28:13)

_____

_____

3. 탐심의 결과

여호수아가 사자를 보내어 아간이 훔친 물건들을 모조리 가져와서 여호와 앞에 내어놓고, 이스라엘 모든 사람으로 더불어 아간을 잡고 은과 외투와 금덩이와 그 아들들과 짐승들과 그에게 속한 모든 것을 이끌고 아골 골짜기로 가서 돌로 쳤습니다. 여호수아는 이 문제를 하나님 앞에서 철저하게 해결하였습니다.

은밀히 행해지는 모든 생각과 행위가 하나님 앞에서는 모두 드러날 수밖에 없습니다. 탐심은 물질에 대해서만이 아니라 정욕, 권세욕, 명예욕 등 세상 모든 것들에 대하여 생기게 됩니다. 이런 탐심은 누구에게나 다 있습니다. 우리는 마음속에 탐심의 싹이 돋아나는 즉시 회개함으로 잘라 버려야 합니다.

♥ 전 12:14을 기록해 봅시다.

_____

_____

비교하기

《아간과 나를 비교하여 본받을 점과 고칠 점을 기록해 봅시다》

```
┌─────────────────────────────────────────────┐
│                                               │
│                                               │
│                                               │
│                                               │
│                                               │
└─────────────────────────────────────────────┘
```

실천하기

《오늘의 말씀을 생각하면서, 한 주간 동안 꼭 실천할 것을 기록해 봅시다》

점검하기

《한 주간, 나의 신앙생활을 점검해 봅시다》

① 하나님 앞에 온전한 예배를 드렸습니까?	예, 아니오
② 날마다 기도를 열심히 했습니까?	예, 아니오
③ 매일 성경을 읽었습니까?	예, 아니오
④ 지난 주 실천사항을 실천했습니까?	예, 아니오

기도하기

《구역식구들의 형편과 처지를 생각하며, 기도제목을 나누고 함께 기도합시다》

```
┌─────────────────────────────────────────────┐
│                                               │
│                                               │
│                                               │
│                                               │
│                                               │
└─────────────────────────────────────────────┘
```

4월

하나님과 함께

제14과
살아서 승천한 에녹

성경본문 : 창 5:21-24
찬송 : 74, 475장

"에녹이 하나님과 동행하더니 하나님이 그를 데려가시므로
세상에 있지 아니하였더라" (창 5:24)

인물 탐구

에녹은 아담의 7대손으로 야렛의 아들이며 므두셀라의 아버지이며, 노아의 할아버지입니다. 그 이름은 '순종하는 자, 시작하다, 바치다, 가르치다' 라는 뜻을 가지고 있습니다. 그는 하나님과 동행하였으며, 죽지 않고 승천했습니다. 그는 365세를 사는 동안 하나님과 사람 앞에서 '그는 하나님을 기쁘시게 하는 자'라는 증거를 얻고 사셨던 분입니다.

1. 하나님과 동행하는 사람

에녹은 365년 동안 하나님과 동행하는 생활을 했습니다. 에녹이 살던 시대는 부정과 부패로 말미암아 악이 성행하던 때였습니다. 그러나 에녹은 악한 세상에 살면서도 세상에 물들지 않고 하나님과 동행하면서 그 시대의 빛이 되고 소금이 되었습니다.

에녹의 신앙의 특징은 하나님과 동행하는 생활이었습니다. '동행하다'라는 말은 '뜻을 좇는다. 올바른 삶을 산다'라는 의미가 있습니다. 에녹은 그 시대의 부패상과 타락상에도 불구하고 흔들림 없이 하나님과 동행하며 올바른 삶을 살았습니다.

그리고 하나님과 동행했다는 말은 하나님을 만났다는 말입니다. 만나지 않고는 동행이 불가능합니다. 만나야 동행하고 동행은 만남으로 이루어집니다. 부부도 함께 오래 살다보면 서로 닮는다고 합니다. 에녹도 하나님과 300년을 동행했으니, 하나님의 인품으로 완전히 승화되었을 것입니다. 그의 모든 생활은 하나님을 닮아갔습니다.

♥ 예수님의 제자가 되려면 어떻게 해야 합니까? (눅 14:26-33)

_____

_____

2. 하나님을 기쁘시게 한 사람

우리는 하나님과 동행하는 생활이라고 하면 우선 거룩해야 하고, 죄 많은 이 세상을 떠나야 한다고 생각합니다. 즉, 세상의 줄을 끊고 홀로 깊은 산속으로 들어가 도를 닦든지, 아니면 신부나 수녀들처럼 수도원으로 가든지, 비록 세상에 살아도 다른 사람들과는 다르게 살아야 하는 것으로 생각합니다.

또, 어떤 이들은 신령하게 살며, 영적인 사명을 감당한다면서 가정을 돌보는 일을 소홀히 하고, 부부 간의 사랑도 신령한 생활에 방해가 된다고 생각해서 회피하기도 합니다. 그리고는 툭 하면 보따리를 싸들고 기도원으로 올라가거나, 은혜가 역사한다는 소문을 따라 이곳저곳을 찾아다닙니다.

그러나 우리는 에녹과 같이 하나님과 동행하면서 동시에 가정에 충실하며, 사람들과 더불어 주어진 생활에 충실하며, 하나님을 기쁘시게 하는 삶을 살아야 하겠습니다.

3. 믿음의 사람

♥ 히 *11:6*을 기록해 봅시다.

　하나님을 기쁘시게 하는 자라는 증거를 얻을 수 있는 믿음은, 하나님이 반드시 계신 것을 믿고 하나님께 나아가야 합니다. 그리고 하나님께 나아가면 반드시 상(賞)을 주실 것을 믿어야 합니다.

　사실 성도가 믿는다고 하지만 사람들이 바라볼 때의 행동과 혼자 있을 때의 마음가짐과 태도는 전혀 딴판일 수 있습니다. 너나 할 것 없이 우리 모두는 사람의 눈을 피할 수 있는 기회가 되면 쉽게 무너지기도 합니다. 사실 우리의 헌금생활이나 봉사생활이 자원하는 마음에서가 아니라 지켜보는 사람들을 의식해서 억지춘향으로 할 때가 얼마나 많습니까? 그러나 에녹은 살아계신 하나님을 믿었기 때문에, 사람들이 볼 때나 보지 않을 때나 생활이 한결같았습니다.

비교하기

《에녹과 나를 비교하여 본받을 점과 고칠 점을 기록해 봅시다》

실천하기

《오늘의 말씀을 생각하면서, 한 주간 동안 꼭 실천할 것을 기록해 봅시다》

점검하기

《한 주간, 나의 신앙생활을 점검해 봅시다》

① 하나님 앞에 온전한 예배를 드렸습니까?	예, 아니오
② 날마다 기도를 열심히 했습니까?	예, 아니오
③ 매일 성경을 읽었습니까?	예, 아니오
④ 지난 주 실천사항을 실천했습니까?	예, 아니오

기도하기

《구역식구들의 형편과 처지를 생각하며, 기도제목을 나누고 함께 기도합시다》

제15과
도전과 기적의 예언자 엘리야

성경본문 : 왕상 18:20-40
찬송 : 518, 586장

"엘리야가 모든 백성에게 가까이 나아가 이르되
너희가 어느 때까지 둘 사이에서 머뭇머뭇 하려느냐
여호와가 만일 하나님이면 그를 따르고
바알이 만일 하나님이면 그를 따를지니라 하니
백성이 말 한마디도 대답하지 아니하는지라" (왕상 18:21)

인물 탐구

엘리야는 길르앗의 디셉 사람으로서 몸에 털이 많은 사람이며, 그의 이름의 의미는 '여호와는 하나님이시다'라는 뜻입니다. 북왕국 이스라엘의 대선지자요 엘리사의 스승입니다. 북 왕국 이스라엘의 7대, 8대 왕인 아합과 아하시야 시대에 활동하였으며, 죽지 않고 회리바람을 타고 승천한 사람입니다.

아합 왕에게 나아가 이스라엘 기근이 그의 죄과임을 지적하고 책망할 만큼 용기 있고, 하나님께 철저히 순종했습니다. 그리고 혼자서 이방신을 섬기는 바알과 아세라 선지자 850명과 싸울 만큼 담대하고 강한 믿음을 소유한 자입니다.

1. 승리하는 엘리야

하나님의 선지자 엘리야와 바알과 아세라의 선지자 850명의 대결이 갈멜 산에서 온 이스라엘이 보는 가운데 벌어졌습니다. 먼저 바알 신을 섬기는 자들이 아침부터 낮까지 그들의 신을 불렀지만 응답이 없었습니다. 큰 소리로 부르고 피가 흐르기까지 칼과 창으로 그 몸을 상하게 하면서 몸부림쳐 보았지만, 저녁때까지 이르러도 응답은 없었습니다.

그러나 엘리야는 하늘을 향하여 힘 있게 부르짖습니다. 이에 여호와의 불이 내려서 번제물과 나무와 돌과 흙을 태우고 또 도랑의 물까지도 핥아 버렸습니다. 주위의 모든 사람들은 놀라 엎드려 하나님을 참 하나님으로 높였습니다. 엘리야는 모든 바알 선지자들을 기손 시내로 데려다가 죽였습니다. 우리들도 참 신이신 하나님을 올바로 섬기는 성도들이 되어야 하겠습니다.

2. 실패하는 엘리야

엘리야는 아합 왕의 왕비인 이세벨이 자신이 섬기는 신의 선지자들을 멸절시킨 것에 분하여 자기를 죽인다는 소식을 듣고 도망하여 유다에 속한 브엘세바에 이르러 스스로 광야로 들어가 한 로뎀나무 아래 앉아서 하나님께 죽기를 구하였습니다(왕상 19:1-4). 갈멜 산에서 바알과 아세라 선지자 850명과의 대결에서 승리를 했고, 아합 왕도 겁내지 않고 대항하던 엘리야의 용기는 어디로 갔습니까?

위대한 신앙이라고 해서 반드시 한 결 같이 강인한 것만은 아닙니다. 그는 "나는 이것으로 족합니다. 나는 할 만큼 행하였고, 견딜 만큼 견디어 냈습니다. 사는 것이 싫어졌습니다." 라고 탄원합니다.

이제 그는, "나는 내 열조보다 낫지 못합니다. 이와 같은 곤고한 상태를 그들보다 더 잘 버티어 낼 만큼 낫지도 못하온데, 어찌하여 내 열조들보다 더 오래 이러한 고역을 치러야 하는 것입니까?" 라고 탄원합니다.

그는 자신을 향해 압박해오는 두려움과 이세벨의 위협을 피해 피난하는 중 크게 피곤하고 위축되었습니다. 그는 하나님보다 이세벨을 두려워했습니다.

우리는 늘 겸손한 마음으로 하나님이 모든 것을 주신 것으로 믿고 우리의 연약함을 도와 달라고 기도해야 할 것입니다. 그 때에 하나님이 도와주십니다.

♥ 왕상 19:10을 보아, 엘리야가 실패한 이유는 무엇입니까?

_____

_____

3. 사명 받는 엘리야

엘리야는 하나님의 도와주심에 힘을 얻어 호렙 산까지 왔지만 두려워서 굴에 숨어있을 때, 여호와께서 "엘리야야 네가 어찌하여 여기 있느냐"하고 말씀하십니다. 이는 이세벨의 핍박을 피하여 굴 속에서 낙심하며 헛된 시간을 보내고 있음을 책망하는 것입니다. 우리들 역시도 교회 일을 하다가, 또한 어떤 일을 하다가 실패했을 때, 너무 오랫동안 실패감에 빠져 있다든가, 세월을 허송하고 있어서는 안 될 것입니다.

엘리야는 이스라엘 모든 백성이 주의 언약을 버리고, 주의 단을 헐고 칼로 주의 선지자를 죽이고, 이제 자기까지 죽이려 하기 때문이라고 변명을 합니다. 그러나 하나님은 여기에 개의치 않고 엘리야에게 사명을 부여합니다. 우리에게는 언제나 하나님이 주시는 사명이 있음을 기억하고, 그 사명을 감당하기에 충실해야 할 것입니다.

♥ 하나님이 엘리야에게 주신 사명은 무엇입니까?

_____

_____

비교하기

《엘리야와 나를 비교하여 본받을 점과 고칠 점을 기록해 봅시다》

실천하기

《오늘의 말씀을 생각하면서, 한 주간 동안 꼭 실천할 것을 기록해 봅시다》

점검하기

《한 주간, 나의 신앙생활을 점검해 봅시다》

① 하나님 앞에 온전한 예배를 드렸습니까?	예, 아니오
② 날마다 기도를 열심히 했습니까?	예, 아니오
③ 매일 성경을 읽었습니까?	예, 아니오
④ 지난 주 실천사항을 실천했습니까?	예, 아니오

기도하기

《구역식구들의 형편과 처지를 생각하며, 기도제목을 나누고 함께 기도합시다》

제16과
갑절의 영감을 받은 엘리사

성경본문 : 왕하 2:1-14
찬송 : 440, 441장

"건너매 엘리야가 엘리사에게 이르되 나를 네게서 데려감을 당하기 전에
내가 네게 어떻게 할지를 구하라 엘리사가 이르되 당신의 성령이 하시는
역사가 갑절이나 내게 있게 하소서 하는지라" (왕하 2:9)

인물 탐구

엘리사의 이름은 '하나님은 구원이시다'라는 뜻입니다. 요단
골짜기 계곡 아벨므홀라 성 출신으로 머리가 벗겨졌으며, 북 왕국 이스라
엘의 선지자이며, 엘리야의 제자입니다.

그는 엘리야를 만난 후, 농부의 신분을 과감히 떨쳐버리고 엘리야를 따
를 만큼 결단력이 있는 자였습니다. 엘리야를 끝까지 따르며 은혜 받을
기회를 놓치지 않을 만큼 열정적이고 헌신적이었으며, 엘리야의 승천 때
에 갑절의 영감을 구하여 얻은 지혜롭고 충성된 하나님의 일꾼입니다.

1. 부름 받은 엘리사

당시의 이스라엘의 사회상을 살펴보면 하나님의 말씀은 완전히 백성들
의 기억에서 잊혀져가고 있었으며 그에 따라 우상숭배와 음란에 빠짐으로
말미암아 이스라엘의 죄악상은 하늘에 사무쳤습니다. 바로 이때 하나님께
서 엘리사를 부르셨던 것입니다. 그렇기 때문에 엘리사는 엘리야에게 갑
절의 영감을 구하지 않으면 안 되었습니다.

♥ 엘리사는 엘리야의 부름에 어떻게 했습니까?(왕상 19:20, 21; 왕하 2:1-11)

　이는 예수께서 열 두 제자를 부르실 때, 그들이 모든 것을 버리고 예수를 좋은 사실과도 같습니다. 이를 통해 우리는 하나님을 섬기는 일에 있어 지체하지 않고 따르는 것이 얼마나 중요한 것인가를 깨닫게 됩니다. 더욱이 엘리야의 아무런 강요가 없었음에도 불구하고 엘리사는 끝까지 스승을 좇으며 갑절의 능력을 요구하지 않았습니까? 이처럼 주저하지 않고 끝까지 은혜를 사모하는 열정이 우리에게도 넘쳐야 하겠습니다.

2. 갑절의 영감을 구하는 엘리사

　엘리사는 하나님께서 엘리야를 회리바람으로 하늘로 올리고자 하신다는 것을 알고, 만일 엘리야를 이대로 놓쳐버린다면 자기는 하나님의 일을 전혀 할 수 없으리라는 사실을 잘 알았습니다.

♥ 엘리야에게로부터 갑절의 능력을 받기 위해서 엘리사는 어떤 노력을 기울였습니까?(왕하 2:2)

　길갈에서 시작된 엘리야와 엘리사 간의 줄다리기는 벧엘에서 계속되었고, 뿐만 아니라 여리고, 요단에서도 끊임없이 계속되었던 것입니다. 그 결과 그는 갑절의 영감을 받았으며, 선지자로서의 사명에 충실함으로써 사람들과 하나님께 인정을 받았습니다. 이러한 인정은 오직 하나님의 말씀 안에서 진실하고 담대하게 최선을 다했기 때문입니다. 그러므로 우리도 하나님께 갑절의 능력을 받아서 온전한 순종과 담대함으로 하나님을 섬겨 사람들과 하나님께 인정받는 자가 되어야 하겠습니다.

3. 옛 사람을 벗어버린 엘리사

유대관습에 따르면 자기 옷을 찢는 것은 회개나 겸손을 표시하기도 했고, 분노를 나타내기도 했으며, 때로는 수치나 슬픔을 표현하기도 했습니다. 그러므로 엘리사가 자기 옷을 찢었다고 하는 말은 하나님의 능력의 겉옷을 입기 위해서 자기중심의 생활을 탈피하고 자기를 포기했다는 표현인 것입니다. 사도 바울도 그리스도를 통해 하나님의 영광과 인간적인 지식의 낡은 옷을 벗어버리고, 예수 그리스도를 믿음으로써 얻을 수 있는 의로움의 옷을 입었습니다.

엘리사가 갑절의 능력을 받기 위해 옛 사람이 입었던 자기중심의 옷을 찢어버리고 하나님께서 주신 새 사람의 옷을 입었듯이, 우리도 육신의 정욕, 안목의 정욕, 이생의 자랑을 좇아서 살던 구습을 제해버리고, 오직 하나님만을 바라보며 아름다운 열매를 많이 맺는 생활을 해나가야 하겠습니다.

♥ 성경의 능력을 덧입기 위해서 우리 자신이 벗어버려야 할 옷은 어떤 것들이 있습니까?

비교하기

《엘리사와 나를 비교하여 본받을 점과 고칠 점을 기록해 봅시다》

실천하기

《오늘의 말씀을 생각하면서, 한 주간 동안 꼭 실천할 것을 기록해 봅시다》

점검하기

《한 주간, 나의 신앙생활을 점검해 봅시다》

① 하나님 앞에 온전한 예배를 드렸습니까?	예, 아니오
② 날마다 기도를 열심히 했습니까?	예, 아니오
③ 매일 성경을 읽었습니까?	예, 아니오
④ 지난 주 실천사항을 실천했습니까?	예, 아니오

기도하기

《구역식구들의 형편과 처지를 생각하며, 기도제목을 나누고 함께 기도합시다》

제17과
동방의 의인 욥

성경본문 : 욥 1:13-22
찬송 : 280, 342장

"이르되 내가 모태에서 알몸으로 나왔사온즉
또한 알몸이 그리로 돌아가올지라
주신 이도 여호와시요 거두신 이도 여호와시오니
여호와의 이름이 찬송을 받으실지니이다 하고" (욥 1:21)

인물 탐구

욥이라는 이름은 '대적하는 자, 회개한 자, 울부짖는 자'라는 뜻입니다. 족장시대 초기(약 B.C. 2000년경), 아브라함과 동시대의 인물로 추정되며, 동방 우스 땅에 거주한 자입니다.

고난 가운데서 자신이 태어난 날을 원망할지언정 결코 하나님께 대한 불신앙적인 태도나 직접적인 원망을 하지 않은 것으로 볼 때 매우 순전한 믿음의 소유자입니다. 아내와 친구들에게 버림을 받고 질책을 당하면서도 끝까지 믿음의 순전함과 자제력을 잃지 않은 것으로 보아 인내심이 강한 사람입니다.

1. 속죄의 신앙

성도들이 당하는 고난이 비록 모두 구체적인 어떤 죄에 대한 직접적인 하나님의 보응으로 주어진 것은 아니라 할지라도 궁극적으로는 태초 아담의 타락 이후로부터 비롯된 인간의 죄로 말미암은 것입니다. 또한 유한한 우리 인간에게는 불합리하게 보이는 것일지라도 그 배후에는 하나님의 절대 선하신 섭리가 있습니다. 따라서 이성으로 해결되지 않는 문제라고 해서 하나님을 원망하거나 그 뜻을 저버리지 말고 일단 하나님의 섭리를 신뢰하고 순종하는 것이 성도의 마땅한 도리라 하겠습니다.

욥이 근본적으로 자신의 죄성을 깨닫지 못했기 때문에, 영문도 모른 체 갑작스런 고난을 당했을 때 거듭 자신의 의로움을 주장하고, 심지어 자신의 출생을 비관하기까지 했던 것처럼, 고난 중에 원망하거나 좌절할 것이 아니라, 그 고난을 통하여 우리 자신의 근본적인 죄성을 깨닫고, 그 죄 된 습성을 고쳐 점차 신앙 성숙으로 나아가는 보다 적극적인 신앙 자세를 가져야 할 것입니다.

누구든지 하나님 앞에 나오는 사람은 자기의 죄인 됨을 깨닫고, 죄에서 속량을 받아야 함을 깨닫지 못하면 진정한 신앙에 들어갈 수 없습니다.

2. 욥의 고난

인생을 살아가면서 전혀 고난과 마주치지 않는 사람은 없습니다. 따라서 우리가 해결해야 할 문제는 고난을 피하기 위한 것이 아니라 현재 처한 이 고난을 어떻게 헤쳐 나갈 것인가 입니다. 욥은 자신의 엄청난 고난에도 불구하고 믿음의 순전함을 잃지 않고 인내로 고난을 극복하면서 큰 신앙의 성숙을 얻게 되었습니다. 이러한 욥의 신앙 자세는 동일하게 여러 가지 고난을 만날 수밖에 없는 우리 성도들에게 반드시 요청되는 것입니다.

욥은 자녀 10남매가 한 날 한 시에 몰사하고, 소유인 가옥은 다 무너지고, 만 여 필의 소와 양 등 가축을, 혹은 빼앗기고 혹은 불에 타 죽기도 하였습니다. 설상가상(雪上加霜)으로 자기 몸에 악한 창질이 나서 그 몰골은 참으로 눈뜨고 볼 수 없는 처참한 지경이었습니다. 인간으로서는 감당하기 힘든 육체적, 정신적 시련 속에서도 결코 하나님을 잃어버리지 않았

던 욥은 결국 하나님으로부터 인정받고, 갑절의 복을 받은 것처럼, 하나님
은 환난 가운데서도 전적으로 의뢰하고 부르짖는 자들을 결코 외면치 않
으시는 분이심을 깨닫고 오직 그분께만 구원을 호소하여야 할 것입니다.

♥ 그의 아내가 욥을 조롱하며 배교를 권할 때 욥은 어떻게 했습니까?(욥 2:10)

_____

_____

3. 회개와 축복의 회복

♥ 다음 구절은 욥의 회개입니다. 기록해 봅시다(욥 42:1-6).

_____

_____

욥은 원래 정직하고 악에서 멀리 떠난 자였습니다. 그러므로 얼마동안
저는 자기의 의로움을 구가하는 중에 있었으나, 주의 징계가 임하는 동시
에, 저는 전에 없었던 새로운 경험을 하였습니다. 즉, 주를 친히 뵙게 된
것입니다. 믿는다고 하는 사람들마다 이와 같은 하나님을 만나보는 경험
이 있어야 합니다. 즉, 신앙이란 막연한 정신적 추상(推想)이 아니라, 확실
히 하나님을 뵙고 듣고 만지는 경험입니다. 우리도 욥과 같이 하나님을
만나 뵙는 체험적인 믿음이 있어야 하겠습니다.

비교하기

《욥과 나를 비교하여 본받을 점과 고칠 점을 기록해 봅시다》

```

```

실천하기

《오늘의 말씀을 생각하면서, 한 주간 동안 꼭 실천할 것을 기록해 봅시다》

점검하기

《한 주간, 나의 신앙생활을 점검해 봅시다》

① 하나님 앞에 온전한 예배를 드렸습니까?	예, 아니오
② 날마다 기도를 열심히 했습니까?	예, 아니오
③ 매일 성경을 읽었습니까?	예, 아니오
④ 지난 주 실천사항을 실천했습니까?	예, 아니오

기도하기

《구역식구들의 형편과 처지를 생각하며, 기도제목을 나누고 함께 기도합시다》

```

```

5월

복 받는 가정

제18과
열국의 어머니 사라

성경본문 : 창 17:1-22
찬송 : 407, 436장

"내가 그에게 복을 주어 그가 네게 아들을 낳아 주게 하며
내가 그에게 복을 주어 그를 여러 민족의 어머니가 되게 하리니
민족의 여러 왕이 그에게서 나리라"(창 17:16)

인물 탐구

사라는 아브라함의 이복 누이동생으로서 아브라함과 결혼하였습니다. 그녀의 이름 "사래"는 '영화'라는 뜻인데, 후에 '열국의 어머니' 또는 '왕비'라는 뜻의 "사라"로 개명되었습니다. 그리고 그녀는 독자 이삭을 낳았습니다.

그녀는 하나님의 언약을 따라 본토 친척 아비 집을 떠나 낯선 땅으로 이주해 간 아브라함을 좇아 일평생을 이주민이요, 나그네의 아내로서 살았습니다. 그러나 아브라함에게 자녀 약속이 주어졌음에도 불구하고 오래 참지 못하고 자신의 여종을 통해 서자라도 갖고자 하는 조급한 성품으로 말미암아 실수를 하기도 했습니다.

1. 남편을 주로 섬기는 사라

사라는 자기 남편 아브라함을 따라 가나안으로 이사하여 살면서, 언제나 자기 남편은 "주"라 부르면서 순종하며, 그를 도와 언약의 가문을 잘 꾸려나갔습니다. 우리 부모님 세대만 하더라도 남편을 "주인양반"으로 칭

하기도 했습니다만, 오늘 우리 사회는 남녀평등 사상이 팽배하여 자기 남편을 주인으로 섬기는 태도는 찾아볼 수 없게 되었습니다.

남편을 주인으로 섬기는 것은 결코 자기 비하가 아니라, 하나님의 창조원리상 그 권위의 순서로서 자신의 위에 남편을 두고 순종함으로 자신의 위치와 품위를 지켜나가는 것입니다. 이와 마찬가지로 오늘날의 우리 여성들도 자신의 위에 있는 남편에게 순종함으로 자신의 위치와 품위를 지켜 나가야 합니다.

♥ 하나님은 사라의 경우에서 우리들에게 복종의 모범을 어떻게 보여 주셨습니까? (벧전 3:4-6)

_____

_____

2. 기가 막힌 웃음

사라는 89세의 늙은 여자로 단산하였으나 믿음으로 잉태하는 힘을 얻어 약속된 자손 이삭을 낳았습니다. 이것은 "믿음은 바라는 것들의 실상이요 보지 못하는 것들의 증거"(히 11:1)라는 말씀과 같이, 우리들의 외적인 상황이나 상태와는 상관없이 하나님의 약속된 말씀을 믿고 순종할 때 하나님의 크신 은총을 받는다는 사실을 암시해 줍니다.

하나님이 "자녀를 생산하리라"고 하신 말씀에 아브라함도 웃고 사라도 웃었습니다. 100세 된 나이에 어떻게 아이를 낳을 수 있겠습니까? 기가 막혀서 웃음이 나올 수밖에 없었을 것입니다. 그러나 결코 여호와께서 능치 못할 일은 없습니다.

♥ 막 9:23을 읽고, 기록하여 봅시다.

_____

_____

3. 조급함의 실수

사라는 하나님께서 자녀의 약속을 아브라함에게 주셨음에도 불구하고, 그 성취가 늦어지자 조급하여 그의 여종 하갈을 통해 육신의 자손 이스마엘을 낳게 하는 실수를 범하였습니다(창 16:1-16). 이것은 후사의 약속을 주신 하나님께 그 성취의 과정과 방법을 온전히 맡기지 못하고 인간적인 방법을 동원한 것입니다. 그러나 하나님은 구원의 역사에는 인간의 뜻과 방법의 개입은 결코 허락지 않으십니다. 실제로 이스마엘의 탄생은 그 당시는 물론 현대에 이르기까지도 아람 족속과 이스라엘 족속의 분쟁에 이르는 장구한 싸움의 불씨만 제공하는 결과가 되고 말았습니다. 사라는 육신의 자손 이스마엘과 그의 어머니 하갈을 아브라함의 집에서 내쫓게 함으로 약속된 자손 이삭과 함께 유업을 얻지 못하게 하였습니다.

♥ 갈 4:28-31에서, 성령으로 거듭나지 못한 육신의 사람들이 성령으로 거듭난 영적인 사람들과 함께 받을 수 없는 것은 무엇입니까?

비교하기

《사라와 나를 비교하여 본받을 점과 고칠 점을 기록해 봅시다》

실천하기

《오늘의 말씀을 생각하면서, 한 주간 동안 꼭 실천할 것을 기록해 봅시다》

점검하기

《한 주간, 나의 신앙생활을 점검해 봅시다》

① 하나님 앞에 온전한 예배를 드렸습니까?	예, 아니오
② 날마다 기도를 열심히 했습니까?	예, 아니오
③ 매일 성경을 읽었습니까?	예, 아니오
④ 지난 주 실천사항을 실천했습니까?	예, 아니오

기도하기

《구역식구들의 형편과 처지를 생각하며, 기도제목을 나누고 함께 기도합시다》

제19과
구원 얻은 기생 라합

성경본문 : 수 2:1-24
찬송 : 450, 595장

"살몬은 라합에게서 보아스를 낳고
보아스는 룻에게서 오벳을 낳고 오벳은 이새를 낳고"(마 1:5)

인물 탐구

라합은 아모리 족속의 기생이며, 유다 지파 살몬의 아내요, 보아스의 어머니입니다. 라합이란 이름은 '넓다'라는 뜻이며, 메시아의 족보에 오른 네 여인 중 한 사람입니다(마 1:5).

생명의 위험을 무릅쓰고 정탐꾼을 숨겨준 용기를 가진 자이며, 다급한 상황 중에도 정탐꾼들을 빨리 피신시키고, 여리고 왕의 추격대를 따돌린 영특함이 넘치는 여인입니다.

1. 하나님을 섬기는 기생

눈의 아들 여호수아가 싯딤에서 두 사람을 택하여, 그들에게 여리고를 정탐하게 했습니다. 그때 그 정탐꾼들이 라합이라 하는 기생의 집에 들어가서 유숙하게 되었습니다. 이 사실을 여리고 왕이 알게 되었고, 여리고 왕이 라합에게 명하여 "네 집에 들어간 사람들을 끌어내라"고 하였습니다. 이때 라합은 정탐꾼들을 삼대에 숨겨서 보호해 주었습니다. 이런 급박한 상황에서도 라합은 슬기롭게 처신하여 위기를 모면했습니다. 이러한 행동은 하나님에 대한 믿음에서 비롯된 것입니다. 이는 오늘날 하나님에 대하여 마음으로만 믿고 행동으로 옮기지 않는 우리들에게 행함이 없는 믿음은 죽은 믿음이라는 사실을 알려주는 교훈입니다.

♥ 약 2:17에서, 행함이 없는 믿음은 무엇과 같다고 하였습니까?

_____

_____

2. 전도하는 기생

라합이 살던 여리고는 우상숭배가 만연하던 죄악의 도성이었습니다. 그런데 이러한 환경에서도 라합은 하나님에 대한 믿음을 갖게 되었고, 용기 있는 행동으로써 그 믿음을 나타냈습니다. 이는 어떠한 환경에서도 하나님에 대한 믿음이 자라날 수 있음을 보여 줍니다. 그러므로 우리는 환경이 열악함을 핑계로 신앙훈련을 게을리 하거나, 스스로 위로를 삼아서는 안 됩니다.

라합은 여리고 성이 하나님의 심판으로 멸망될 것을 확신하고는 자기와 더불어 온 가족이 구원받을 수 있도록 정탐꾼에게 간구했습니다(수 2:13). 이처럼 자기 혼자만 구원받은 것에 만족하지 않고 가족을 위해 애쓴 라합의 모습은 안일하게 '나 혼자만의 신앙'을 누리고 있는 소극적 자세의 신앙인들에게 좋은 귀감이 됩니다.

♥ 나는 과연 가족과 이웃의 구원을 위해 얼마나 기도하며 애쓰고 있습니까?

_____

_____

3. 그리스도의 족보에 오른 기생

도덕적으로 보잘것없는 기생 라합이 오직 믿음으로 인하여 하나님의 구원을 체험하였고, 또한 하나님의 은총으로 말미암아 메시아의 족보에 기록되는 놀라운 신분으로 상승하였습니다(마 1:5). 이는 죄인에 대한 하나

님의 자비와 하나님의 구속사역 후 성화(聖化)되어진 그리스도인의 신분상
승을 보여 줍니다. 이처럼 놀라운 주 안에서의 신분상승은 오늘날 우리에
게도 이미 주신 바 되었습니다. 그러므로 우리는 인간적으로 볼 때, 현재
의 처지가 보잘것없고 미약하다 하더라도, 모든 성도를 왕 같은 제사장으
로 세워주신 하나님을 바라보며, 매 순간마다 우리의 신분에 합당한 생활
로써 하나님의 아름다운 덕을 선전해야 합니다.

♥ 벧전 2:9에서 우리는 어떤 존재임을 확인시켜 줍니까?

비교하기

《라합과 나를 비교하여 본받을 점과 고칠 점을 기록해 봅시다》

실천하기

《오늘의 말씀을 생각하면서, 한 주간 동안 꼭 실천할 것을 기록해 봅시다》

점검하기

《한 주간, 나의 신앙생활을 점검해 봅시다》

① 하나님 앞에 온전한 예배를 드렸습니까?	예, 아니오
② 날마다 기도를 열심히 했습니까?	예, 아니오
③ 매일 성경을 읽었습니까?	예, 아니오
④ 지난 주 실천사항을 실천했습니까?	예, 아니오

기도하기

《구역식구들의 형편과 처지를 생각하며, 기도제목을 나누고 함께 기도합시다》

제 20과
현숙한 효부 룻

성경본문 : 룻 1:11-18
찬송 : 213, 321장

"룻이 이르되 내게 어머니를 떠나며 어머니를 따르지 말고 돌아가라
강권하지 마옵소서 어머니께서 가시는 곳에 나도 가고
어머니께서 머무시는 곳에서 나도 머물겠나이다
어머니의 백성이 나의 백성이 되고
어머니의 하나님이 나의 하나님이 되시리니"(룻 1:16)

인물 탐구

룻은 '여자친구, 우정'이라는 뜻이며, 모압 여인으로서 엘리
멜렉과 나오미의 며느리요, 말론의 아내입니다. 말론과 사별 후 나오미의
친척 보아스와 결혼하여 오벳을 낳았으며, 다윗의 증조모가 되기도 합니
다.

자기 민족과 분리되는 일이 있더라도, 끝까지 시어머니를 따르기로 결
심할 만큼 지조가 있고 결단력이 강했으며, 이방인이었으나 시어머니 나
오미를 통해 하나님을 깨닫고, 그 신앙을 저버리지 않았던 신실한 믿음의
소유자였습니다.

1. 어머니가 가는 곳에 나도 가고

사사시대에 엘리멜렉이라는 사람이 베들레헴에서 살고 있었습니다. 그
아내의 이름은 나오미이고 그 슬하에 말론과 기룐이라는 두 아들이 있었

습니다. 오랫동안 비가 오지 않아 흉년이 계속되어 너무나 살기가 어려웠습니다. 그래서 엘리멜렉은 가족과 함께 모압으로 이민을 가게 되었습니다. 모압 땅은 그들에게 미지의 땅이요, 새로운 땅이었습니다. 그 땅에서 잘 살아보려고 열심히 노력했습니다. 그러나 꿈은 사라지고 엘리멜렉이 거기서 죽게 되었습니다.

아들들도 장가를 들어 오르바와 룻이라는 며느리도 생겼습니다. 그런데 두 아들마저 장가를 간 후 자녀 없이 모두 죽고 말았습니다. 나오미가 모압 땅에 이민 온 지 10년 만에 당한 일들입니다. 나오미에게 남은 것은 하나도 없었습니다. 남편도, 자녀도, 돈도, 집도, 젊음도 다 잃어버렸습니다. 남은 것은 두 며느리와 가난과 늙은 몸뿐이었습니다. 나오미는 이제 희망도 없고, 소망도 없었습니다. 며느리들에게 자기 집으로 돌아가라고 했을 때 오르바는 돌아갔지만, 룻은 결단코 시어머니를 떠나지 않았습니다.

♥ 룻은 시어머니가 친정으로 가라고 했을 때 어떻게 말했습니까?(룻 1:16)

_____

_____

2. 어머니의 하나님이 나의 하나님

룻은 모압 여인이요, 이방여인입니다. 이방여인이라는 말은 종교가 다르다는 말입니다. 종교가 다르면 가족이라도 내적인 조화가 잘 이루어지지 않습니다. 룻은 어려서부터 이방신을 섬겼고, 우상을 섬겼습니다. 이방여인이 이스라엘 백성이 된다는 것은 놀라운 일입니다. 그런데 룻은 시어머니를 모시기 위해 자기 나라를 버리고 자기 민족을 포기하고 자기 백성을 떠나 어머니의 백성이 나의 백성이 될 것이라고 말하고 있습니다. 그녀는 시어머니에게서 하나님을 발견한 것입니다.

♥ 룻이 시어머니로 인하여 얻은 가장 귀한 것은 무엇입니까?

_____

_____

3. 정성을 다한 시어머니 공경

룻은 지극한 효심을 가지고 있었습니다. 룻은 시어머니의 고향으로 왔습니다. 그러나 먹을 양식도 없고, 재산도 없고, 집도 없었습니다. 가난한 살림에 시어머니를 봉양할 길이 없어서 들에 나가 보리 이삭을 주워 그것으로 밥을 지어 어머니를 공양하면서 살아가게 되었습니다. 젊은 여인의 몸으로 들에 나가 곡식을 줍고, 이삭을 줍는 일은 쉬운 일이 아니었습니다. 룻은 아침 일찍부터 저녁까지 부지런히 이삭과 곡식을 주웠습니다. 비록 가난하지만 부지런해야 시어머니와 생활을 꾸려나갈 수 있기 때문입니다.

어느 날 룻은 그 지역에 최고 부자인 보아스의 밭에 가서 이삭을 줍게 되었습니다. 마침 보아스가 추수 때가 되어서 밭에 나와 보니 어떤 젊은 여인이 이삭을 줍고 있었습니다. 일꾼에게 그녀가 누구인지 물어보았습니다. 일꾼들은 그녀가 룻이며 시어머니를 봉양하기 위하여 이삭을 줍는다는 사실을 말해 주었습니다. 보아스는 룻에게 가까이 다가가서 마음껏 이삭을 줍도록 아낌없는 배려를 하였습니다.

이 인연으로 룻은 최고의 부자인 보아스와 결혼을 했습니다. 후에 이새를 낳고, 이새는 다윗을 낳았고, 이 혈통에서 예수님이 탄생하게 됩니다. 룻이 하나님을 만나 위대한 믿음의 사람이 되었을 때 찾아오는 축복이었습니다.

비교하기

《룻과 나를 비고하여 본받을 점과 고칠 점을 기록해 봅시다》

실천하기

《오늘의 말씀을 생각하면서, 한 주간 동안 꼭 실천할 것을 기록해 봅시다》

점검하기

《한 주간, 나의 신앙생활을 점검해 봅시다》

① 하나님 앞에 온전한 예배를 드렸습니까?	예, 아니오
② 날마다 기도를 열심히 했습니까?	예, 아니오
③ 매일 성경을 읽었습니까?	예, 아니오
④ 지난 주 실천사항을 실천했습니까?	예, 아니오

기도하기

《구역식구들의 형편과 처지를 생각하며, 기도제목을 나누고 함께 기도합시다》

제21과
기도로 아들을 얻은 한나

성경본문 : 삼상 1:1-18
찬송 : 365, 526장

"한나가 마음이 괴로워서 여호와께 기도하고 통곡하며 서원하여 이르되
만군의 여호와여 만일 주의 여종의 고통을 돌보시고
나를 기억하사 주의 여종을 잊지 아니하시고 주의 여종에게 아들을 주시면
내가 그의 평생에 그를 여호와께 드리고
삭도를 그의 머리에 대지 아니하겠나이다"(삼상 1:10-11)

인물 탐구

한나란 '은총, 은혜'라는 뜻입니다. 레위인 엘가나의 정실이며, 사무엘의 모친입니다. 하나님께 서원 이행 후 3남 2녀를 더 얻었습니다.

잉태치 못하여 멸시와 고통을 겪게 되었을 때, 하나님께 엎드려 기도할 만큼 겸손하고 인내하는 믿음을 소유한 자요, 가까스로 얻은 아들을 서원한 대로 하나님께 바칠 만큼 욕심이 없고, 약속에 대해 신실한 여인입니다.

1. 하나님께 맡기는 인생

이스라엘의 에브라임이라는 산동네에 엘가나라는 사람이 살고 있었습니다. 그에게는 부인이 둘 있었는데, 첫째 부인은 한나였고, 둘째 부인은 브닌나였습니다. 첫째 부인 한나는 자녀를 낳지 못했고 둘째 부인 브닌나는

자녀를 낳았습니다. 남편 엘가나는 둘째 부인보다도 본처 한나를 더 사랑했습니다. 그러니 둘째 부인 브닌나가 시기하고 질투할 수밖에 없었습니다.

한나는 인생의 문제를 해결해 주시는 분은 하나님임을 믿었습니다. 남편이 위로하였지만, 남편의 위로만으로는 감당할 수 없는 고통이었습니다. 그런데 중요한 것은 한나는 이 마음의 고통과 괴로움을 하나님께 가지고 왔다는 사실입니다. 그리고 하나님은 반드시 자신의 문제를 해결해 줄 것을 믿었습니다. 하나님은 한나의 기도를 들으시고 사무엘이라는 아들을 주었습니다.

우리도 우리의 삶속에 문제가 있으면 절망하거나, 포기하지 말고 하나님께 문제를 가져오시기 바랍니다. 하나님은 반드시 우리의 문제를 해결해 주십니다.

2. 돌보시는 하나님을 믿는 신앙

한나는 본문 11절에서 "주의 여종의 고통을 돌보시고"라고 하였습니다. 하나님은 돌보시는 분으로 믿었다는 말입니다. 돌본다는 말은 '지키신다, 보살핀다, 보호하다'라는 말입니다. 하나님은 우리를 돌보시는 분이십니다. 우리를 지키시고, 보살피시고, 보호하시는 분이십니다.

♥ 시 *121:3-8*을 읽고 기록해 봅시다.

_____

_____

이스라엘은 낮에는 햇볕이 너무 뜨겁기 때문에 일사병에 걸리기 쉽습니다. 반대로 밤에는 기온이 너무 내려가서 춥기 때문에 목숨을 잃을 수도 있습니다. 그러므로 낮에도 밤에도 하나님이 지켜 주셔야만 살 수 있습니다.

3. 하나님께 드리는 신앙

한나는 아들을 주시면 하나님께 드리겠다고 맹세했습니다. 여러 아들 중에 하나를 드리는 것도 어려운 일인데, 한나는 자녀가 없으므로 고통을 당하면서, 앞으로 주시면 그마저 하나님께 드리겠다는 것입니다. 참으로 아름다운 신앙입니다. 한나는 약속대로 하나님께 그의 아들 사무엘을 드렸습니다. 하나님은 후에 한나에게 아들 셋과 딸 둘을 더 허락해 주셨습니다.

♥ 한나는 무엇을 기뻐하며 하나님께 찬양했습니까?(삼상 2:1)

_____

_____

_____

하나님이 제일 기뻐하는 것은 즐거운 마음, 자원하는 마음으로 드리는 것입니다. 하나님이 원하시는 것은 금이나 은이나 보석이나 물질이 아니라 우리의 신앙을 요구하십니다. 하나님의 사랑과 구원의 은혜를 깨닫고 진정으로 감사하며 즐거운 마음으로 드리는 것을 원하십니다. 하나님은 즐거운 마음으로 드리는 사람에게 놀라운 복을 약속하고 있습니다.

비교하기

《한나와 나를 비교하여 본받을 점과 고칠 점을 기록해 봅시다》

```
┌─────────────────────────────────────────────────┐
│                                                 │
│                                                 │
│                                                 │
│                                                 │
│                                                 │
└─────────────────────────────────────────────────┘
```

실천하기

《오늘의 말씀을 생각하면서, 한 주간 동안 꼭 실천할 것을 기록해 봅시다》

점검하기

《한 주간, 나의 신앙생활을 점검해 봅시다》

① 하나님 앞에 온전한 예배를 드렸습니까?	예, 아니오
② 날마다 기도를 열심히 했습니까?	예, 아니오
③ 매일 성경을 읽었습니까?	예, 아니오
④ 지난 주 실천사항을 실천했습니까?	예, 아니오

기도하기

《구역식구들의 형편과 처지를 생각하며, 기도제목을 나누고 함께 기도합시다》

```
┌─────────────────────────────────────────────────┐
│                                                 │
│                                                 │
│                                                 │
│                                                 │
└─────────────────────────────────────────────────┘
```

6월

가나안을 향하여

제22과
최초의 대제사장 아론

성경본문 : 출 4:10-17
찬송 : 323, 552장

"아므람의 아들들은 아론과 모세이니 아론은 그 자손들과 함께 구별되어
몸을 성결하게 하여 영원토록 심히 거룩한 자가 되어 여호와 앞에 분향하고
섬기며 영원토록 그 이름으로 축복하게 되었느니라"(대상 23:13)

인물 탐구

아론은 레위지파의 고핫의 손자이며, 아므람과 요게벳의 장
남입니다. 모세의 형이자 미리암의 동생이며, 유다족 암미나답의 딸 나손
의 누이 엘리세바와 결혼하여 나답, 아비후, 엘르아살, 다말을 낳았습니다.

그는 최초의 대제사장이며, 모세의 대변자로 부름 받을 정도로 말솜씨
가 뛰어났습니다. 모세가 자신의 동생이지만 그를 추종하며 자신의 역할
을 성실히 감당하는 겸손하고 사명감이 투철한 사람이었습니다.

1. 모세의 대변인 아론

아론은 뛰어난 능변을 하나님께로부터 인정받아 그의 나이 83세에 모세
의 대변인으로 소명을 받았습니다. 우리는 이를 통해 하나님께서는 모든
이에게 특별한 재능을 사용하신다는 사실을 알아야 합니다. 더욱이 하나
님의 자녀들은 서로의 부족함을 보완하여 함께 일할 때 효과적으로 주의
일을 감당할 수 있음을 깨달아야 합니다.

그는 또한 자기 개인보다 공적인 사역을 더 소중하게 여기는 일꾼이었습니다. 연하의 자기 동생을 지도자로 섬기는데 불평하지 않았으며, 협력 관계를 잘 이루었습니다. 이스라엘 백성이 아말렉과 싸울 때에도 아론과 훌이 모세의 팔을 들어 기도를 돕는 데 조력하였고, 모세의 사역을 보좌하는데 성실하였습니다(출 17:8-13).

♥ 나에게 주신 재능은 무엇인지, 그리고 그것을 주를 위해 사용하고 있는가?(고전 4:7; 살전 4:1)

_____

_____

2. 금송아지를 만든 아론

출애굽기 32장에서 모세가 시내 산에서 더디 내려올 때 금송아지 우상을 만들었던 일은 아주 부끄러운 실수였습니다. 백성들의 요구로 금송아지를 만든 아론은 그 형상을 보고 기쁨에 사로잡혀 감탄했습니다. 그러나 우상을 하나님과 동일시하려 했던 아론의 태도는 하나님께 선택된 자로서 일생 최대의 오점을 남기게 되었습니다. 오늘날에도 많은 성도들이 위기를 만나면 믿음이 약해지고 불안해서 점을 치러간다거나 세상적인 방법으로 위로받고 문제를 해결하려고 합니다. 그러나 세상이 주는 위로와 문제의 해결은 일시적이고 온전하지 못합니다. 종국에는 파멸로 인도할 뿐입니다. 오히려 어렵고 불안할수록 더욱 하나님께 나아가고, 오직 하나님만을 의존하며 열심히 기도해야 합니다.

♥ 우리의 삶에 우상이 되는 것은 어떤 것이 있습니까?(행 17:29) 그리고 그것을 어떻게 제거할 수 있습니까?

_____

_____

3. 모범적인 제사장 아론

아론은 최초의 대제사장으로 택함 받은 후 거룩하고 성결하게 몸을 구별하여 하나님께 제사 드리는 일과 하나님의 말씀을 대언하는데 충성하였습니다(출 40:13). 이러한 그의 신실함은 자손 대대로 제사장직을 보장받게 되는 복을 받았습니다. 이처럼 주를 믿는 우리의 신실한 믿음은 자손 대대로의 복을 예비하는 것입니다. 그러므로 맡은 일에 충성하고, 믿는 자로서 가정에서 먼저 신앙의 모범을 보일 때, 우리의 자녀들은 세상과 짝하지 않고 하나님과 동행하는 신앙의 모습을 배우게 됩니다(엡 6:4). 실로 성결한 행실과 믿음으로 자손 대대로의 복을 예비하는 모범된 성도가 되어야 하겠습니다.

♥ 우리가 하나님께 온전히 순종할 때 하나님은 복은 몇 대까지 내려시며, 악은 몇 대까지 갚으십니까?(출 34:7)

_____

_____

비교하기

《아론과 나를 비교하여 본받을 점과 고칠 점을 기록해 봅시다》

실천하기

《오늘의 말씀을 생각하면서, 한 주간 동안 꼭 실천할 것을 기록해 봅시다》

점검하기

《한 주간, 나의 신앙생활을 점검해 봅시다》

① 하나님 앞에 온전한 예배를 드렸습니까?	예, 아니오
② 날마다 기도를 열심히 했습니까?	예, 아니오
③ 매일 성경을 읽었습니까?	예, 아니오
④ 지난 주 실천사항을 실천했습니까?	예, 아니오

기도하기

《구역식구들의 형편과 처지를 생각하며, 기도제목을 나누고 함께 기도합시다》

제23과
이스라엘의 구원자 모세

성경본문 : 출 3:1-12
찬송 : 323, 552장

"이제 내가 너를 바로에게 보내어
너에게 내 백성 이스라엘 자손을 애굽에서 인도하여 내게 하리라"(출 3:10)

인물 탐구

모세는 레위지파 중 고핫 계열의 자손으로서, 아므람과 요게벳의 아들로 태어났으며, 애굽 왕 바로의 딸 핫셉수트의 양자가 되었습니다. 미리암과 아론의 동생이며, 미디안 제사장의 딸 십보라와 결혼하여 게르솜과 엘리에셀을 낳았습니다. 그의 이름 모세는 '물에서 건지다'라는 뜻입니다.

그의 성격은 대체로 급한 편이며, 궁중생활의 부와 명예를 미련 없이 버리고, 자신의 동족을 때린 애굽 인에게 대항할 정도로 강한 동포애와 정의감이 불타는 사람입니다. 여러 시련 가운데에서도 이스라엘 백성들이 약속된 땅에 들어가도록 하나님의 종으로서 끝까지 충성하는 신실한 하나님의 종이며 민족지도자입니다.

1. 준비된 지도자

우리는 준비된 지도자를 필요로 하는 시대에 살고 있습니다. 하나님은 출애굽이라는 민족적 대 과업을 수행하시기 위해 비천한 히브리 노예민족으로 태어난 어린 모세를 살리셨고, 극적으로 그를 죽이려는 권력의 핵심에 있는 애굽 공주의 양자가 되어 40년 동안 학술을 익히게 하셨습니다. 그리고 미디안 광야에서 또 40년을 인격적이고 신앙적으로 겸손해지도록 연단하셨습니다. 이와 같이 하나님은 이스라엘의 구원자로서 쓰실 모세를 오랜 시간 동안 친히 간섭하시고 인도하셨으며, 충분히 훈련되었을 때 그에게 사명을 부여하신 것입니다. 이처럼 하나님은 준비된 자를 들어 역사하십니다.

♥ 지금 나는 하나님을 위하여 무엇을 준비했으며, 무엇을 위해 쓰임받기 원합니까?

----

2. 기도하는 지도자

출애굽 하여 광야에서 40년간 생활할 때 모세는 백성들의 끝없는 원망을 들어야만 했습니다. 그러나 그는 공명심을 내세우기 보다는 "여호와께 가까이 나오라"(출 16:9)고 말하며 모든 문제를 해결하려고 노력했습니다. 이처럼 우리도 문제가 발생했을 때 스스로 해결하려는 헛된 노력을 하지 말고 모든 짐을 대신 지시는 하나님께 나아가야 함이 마땅합니다. 특히 모세는 불평에 가득 찬 백성들로 인해 하나님께서 진노하실 때 그들의 죄를 사해주실 것을 간절히 기도하였습니다. 이렇듯 계속되는 범죄와 완악함에도 불구하고 백성들을 위한 모세의 중보기도는 우리를 위해 하나님께 중보 기도하시는 예수 그리스도의 모습을 보여 줍니다(롬 8:23, 26).

그러므로 우리도 자신의 안위만을 위하여 기도할 것이 아니라, 나를 향해 손가락질하는 자라 할지라도 그를 위해 기도를 드려야 하겠습니다.

♥ 우리들에게 어려운 문제가 발생했을 때 어떻게 하는 것이 옳을까요?(시 42:5;
벧전 5:7)

_____

_____

3. 미완의 지도자

하나님의 택한 종 모세로 말미암아 바로의 압제로부터 이스라엘 민족은
해방되었고 자유 함을 얻었습니다. 이는 곧 죄의 세력 아래 억눌렸던 우
리들을 예수 그리스도께서 해방시켜 주신 구원의 사건을 미리 보여 주는
것입니다. 한편 출애굽이라는 해방의 기쁨 후에 그들은 곧바로 약속의 땅
에 들어간 것이 아니라 40년의 훈련과정을 거쳐야 했습니다. 모세 또한
약속의 땅 가나안에는 들어가지 못하고 생을 마쳐야 했습니다. 이처럼 구
원함을 얻은 우리 성도들도 천국에 들어가기에 앞서 이 세상에서 거룩한
성도로서 갖추어야 할 바를 훈련받으며 살아가는 것입니다. 그러므로 우
리는 영원한 축복의 땅에 이르기까지 먼저 구원받은 자로서의 성별된 생
활과 믿음의 훈련을 쌓아가야 하겠습니다.

♥ 엡 5:5에서 "음행하는 자나 더러운 자나 탐하는 자 곧 우상 숭배자는 다 그리
스도와 하나님의 나라에서 기업을 얻지 못하나니"라고 말씀했습니다. 이는 무
엇을 의미합니까?

_____

_____

비교하기

《모세와 나를 비교하여 본받을 점과 고칠 점을 기록해 봅시다》

실천하기

《오늘의 말씀을 생각하면서, 한 주간 동안 꼭 실천할 것을 기록해 봅시다》

점검하기

《한 주간, 나의 신앙생활을 점검해 봅시다》

① 하나님 앞에 온전한 예배를 드렸습니까?	예, 아니오
② 날마다 기도를 열심히 했습니까?	예, 아니오
③ 매일 성경을 읽었습니까?	예, 아니오
④ 지난 주 실천사항을 실천했습니까?	예, 아니오

기도하기

《구역식구들의 형편과 처지를 생각하며, 기도제목을 나누고 함께 기도합시다》

제24과
정직하고 용감한 갈렙

성경본문 : 민 13:1-14:8
찬송 : 198, 347장

"그 땅을 정탐한 자 중 눈의 아들 여호수아와 여분네의 아들 갈렙이
자기들의 옷을 찢고 이스라엘 자손의 온 회중에게 말하여 이르되
우리가 두루 다니며 정탐한 땅은 심히 아름다운 땅이라
여호와께서 우리를 기뻐하시면 우리를 그 땅으로 인도하여 들이시고
그 땅을 우리에게 주시리라
이는 과연 젖과 꿀이 흐르는 땅이니라" (민 14:6-8)

인물 탐구

갈렙은 가나안 12정탐꾼의 한 사람이며, 그의 이름 갈렙은
'공격자'라는 뜻입니다. 유다지파, 여분네의 아들이며, 갈멜 족속의 선조
입니다. 악사라는 딸을 두었으며, 사사 옷니엘의 장인이 됩니다. 자손으로
는 이루와 엘라와 나암과 엘라의 자손과 그느스가 있습니다.

그는 가나안 정탐 후 다른 10명의 정탐꾼과는 달리 모든 사태를 긍정적
으로 보고 반드시 그 땅을 정복하리라고 말한 대담하고 긍정적인 성품이
었으며, 자신의 힘과 재산을 아끼지 않고 임무를 충실히 수행하는 강한
책임감의 소유자였습니다.

1. 용기 있는 지도자

여호수아와 함께 가나안 정탐꾼의 일원이었던 갈렙은 40일 동안 에브라
임 지파의 대표 여호수아와 함께 가나안을 탐지하고 돌아와서 그 결과를

모세와 아론, 그리고 백성들 앞에서 보고할 때, 다른 10지파의 대표들은 절망적이며 비관적인 보고를 했으나, 갈렙과 여호수아는 매우 희망적이며 낙관적인 보고를 했습니다.

♥ 눈의 아들 여호수아와 여분네의 아들 갈렙이 이스라엘의 온 회중에게 보고한 내용을 기록하여 봅시다(민 14:6-8)

_____

_____

_____

　이렇게 보고하면서 갈렙은 여호수아와 함께 메고 온 포도송이와 석류와 무화과를 그 증거물로 제시했습니다. 10지파의 대표들은 물질적이며 인위적인 조건을 구비한 이상향을 찾으려고 노력했으나, 결국 그들의 눈엔 억센 거민과 살벌한 땅밖에 보이지 아니했습니다. 그러나 갈렙과 여호수아는 가나안을 하나님의 약속이 실현되는 땅이요, 그 언약을 믿고 실현하는 데서 이루어지는 물질과 인간 이상의 세계임을 믿었던 것입니다.

2. 믿음으로 나아가는 갈렙

　이스라엘 백성들은 모세와 아론에게 차라리 애굽 땅에서나 이 광야에서 죽는 것이 낫다고 원망하였습니다. 그러나 갈렙은 불평하고 저주하는 주위환경에는 아랑곳하지 않고 "여호와께서 우리를 기뻐하시면 우리를 그 땅으로 인도하여 들이시고 그 땅을 우리에게 주시리라"고 설득하며, 믿음 없는 무리의 회개를 촉구하였습니다. 이러한 신앙이 있었기 때문에 그는 여호수아와 함께 가나안 땅에 들어가는 하나님의 놀라운 복을 받을 수 있었습니다(민 14:24). 갈렙과 같이 우리는 하나님의 약속된 말씀을 믿고 나아가는 자만이 그 약속의 기업을 부여받게 됨을 깨달을 수 있습니다.

♥ 하나님께서 나에게 약속해주신 말씀은 무엇입니까? 지금 나는 그 말씀을 믿고 전진하는 행동을 보이고 있습니까?(고후 5:7)

_____

_____

3. 노년이 아름다운 삶

요즈음 우리 사회는 고령화 사회가 되어, 노인들이 설 곳이 없고 할 일이 없다고들 합니다. 노인들이 동네의 여기저기 모여 앉아 소일하는 것들을 보면 안타깝기만 합니다. 그러나 갈렙은 85세의 고령에도 불구하고 헤브론 성읍의 탈환을 지휘할 만큼 진취적이었습니다(수 14:10-14). 이는 주의 일에 진취적이며 뚜렷한 신앙적 목적의식이 있는 자는 노년이 되어도 곤비치 않고 매사에 진취적일 수 있음을 보여 줍니다. 더 나아가 나이를 핑계로 결코 주의 일을 등한시하거나 나약해져서는 안 됨을 보여 줍니다. 그러므로 우리도 소망의 확신과 신실한 봉사로써 주의 일에 매진하는 자들이 되어야겠습니다.

♥ 우리가 노쇠하지 않고 새 힘을 얻어서 주님의 일을 열심히 할 수 있는 방법은 무엇입니까?(사 40:31)

_____

_____

비교하기

《갈렙과 나를 비교하여 본받을 점과 고칠 점을 기록해 봅시다》

실천하기

《오늘의 말씀을 생각하면서, 한 주간 동안 꼭 실천할 것을 기록해 봅시다》

점검하기

《한 주간, 나의 신앙생활을 점검해 봅시다》

① 하나님 앞에 온전한 예배를 드렸습니까?	예, 아니오
② 날마다 기도를 열심히 했습니까?	예, 아니오
③ 매일 성경을 읽었습니까?	예, 아니오
④ 지난 주 실천사항을 실천했습니까?	예, 아니오

기도하기

《구역식구들의 형편과 처지를 생각하며, 기도제목을 나누고 함께 기도합시다》

제25과
가나안 정복의 지도자 여호수아

성경본문 : 수 1:1-9
찬송 : 326, 330장

"오직 강하고 극히 담대하여
나의 종 모세가 네게 명령한 그 율법을 다 지켜 행하고
우로나 좌로나 치우치지 말라 그리하면 어디로 가든지 형통하리니"(수 1:7)

인물 탐구

본명은 호세아였으나 모세에 의해 여호수아로 불리게 되었으며, 여호수아는 '여호와는 구원이시다'라는 뜻입니다. 에브라임 지파의 눈의 아들이며, 에브라임 산지 딤낫세라를 분깃으로 받고, 110세에 죽어 그곳에 장사되었습니다.

모세의 영도 아래 출애굽 한 이스라엘 백성들이 한 세대를 거쳐 광야에서 방황한 후부터 가나안을 정복하고 이스라엘 지파별로 땅을 분배해 나가기까지 활동했으며, 이스라엘 백성을 약속의 땅으로 인도하기까지 자기에게 맡겨진 일에 최선을 다하는 책임감이 강한 자입니다.

1. 순종의 지도자

하나님이 항상 함께하실 것이라는 약속을 받았던 여호수아는 가나안을 정복하기까지 많은 역경을 당할 때마다 먼저 하나님께 엎드려 기도했습니다. 뛰어난 군사적인 계략을 가진 그였지만, 무엇보다도 하나님께서 말씀하시는 방법에 전적으로 의지하고 순종하는 지도자였습니다. 그의 순종의 자

세는 여리고 성을 무너뜨리는 데 있어서 말씀에 의지하여 비무장으로 행진하는 모습에서 찾아볼 수 있습니다(수 6:15-20). 우리들도 이 세상에서 많은 어려움을 만날 때마다 여호수아에게 약속하셨던 말씀 "오직 강하고 극히 담대하여 나의 종 모세가 네게 명령한 그 율법을 다 지켜 행하고 우로나 좌로나 치우치지 말라 그리하면 어디로 가든지 형통하리니"(수 1:7)라고 하신 말씀을 의지하여 문제의 해결점을 찾고, 전적으로 하나님께 의뢰하며 순종해야 할 것입니다.

♥ 여호와께서 여호수아에게 약속을 이루시는 조건은 무엇입니까?(수 1:8)

----

2. 믿음의 지도자

가나안 정탐 후 정탐꾼 대부분의 부정적인 보고와 이로 인해 백성들의 분노와 원망이 들끓는 순간에도 여호수아는 긍정적인 신앙자세를 잃지 않았습니다. "하나님이 함께하시니 결코 두려워 말라"고 하였던 그는 이를 통해 하나님으로부터 그의 신앙을 인정받았고, 약속의 땅에 들어가는 복을 받았습니다. 이처럼 하나님의 복은 믿고 바라보는 자에게만 주어집니다. 그러므로 우리도 불신앙적인 모습에 동요될 것이 아니라 참다운 믿음으로써 하나님을 바라보며 주의 일에 더욱 힘쓰는 자들이 되어야 할 것입니다. 이것이 바로 성숙한 신앙인의 모습이며, 하나님을 기쁘시게 하는 일입니다.

♥ 민 14:7-9에서 여호수아는 어떤 믿음을 가진 자입니까?

----

3. 기도하는 지도자

맥아더 장군이 6·25전쟁 때 인천상륙작전을 수행하면서 기도한 일화는 아주 유명하다고 합니다. 모세의 후계자 여호수아 또한 일평생 하나님을 섬겼을 뿐만 아니라 믿음의 기도로써 응답을 받은 믿음직한 지도자였습니다. 특히 그가 태양이 머무르고 달이 멈추기를 담대히 기도했을 때, 하나님은 초자연적인 역사를 허락하시어 자기 백성 이스라엘을 친히 돕는다는 사실을 확실히 알려 주셨습니다(수 10:12-14).

여호수아의 소명은 가나안 땅을 얻기 위하여 먼저 가나안 족속들을 진멸하고, 가나안 땅을 얻은 후에는 그들의 백성에게 영토를 골고루 분배하는 일이었습니다(수 1:2, 11:23). 이것은 성도들이 천국에 들어가기까지 힘써 마귀를 대적하고, 이후 그 나라에서 영원한 상급을 얻게 됨을 미리 알려주시는 것입니다. 그러므로 우리는 영원한 나라와 기업을 얻기까지 늘 하나님 말씀에 의지하여 기도로 전진하는 믿음의 용사가 되어야 하겠습니다.

♥ 약 2:5에서 하나님은 어떤 자들을 들어 쓰신다고 했습니까?

_____

_____

_____

비교하기

《여호수아와 나를 비교하여 본받을 점과 고칠 점을 기록해 봅시다》

실천하기

《오늘의 말씀을 생각하면서, 한 주간 동안 꼭 실천할 것을 기록해 봅시다》

점검하기

《한 주간, 나의 신앙생활을 점검해 봅시다》

① 하나님 앞에 온전한 예배를 드렸습니까?	예, 아니오
② 날마다 기도를 열심히 했습니까?	예, 아니오
③ 매일 성경을 읽었습니까?	예, 아니오
④ 지난 주 실천사항을 실천했습니까?	예, 아니오

기도하기

《구역식구들의 형편과 처지를 생각하며, 기도제목을 나누고 함께 기도합시다》

제 26 과
새 시대를 개척하는 사무엘

성경본문 : 삼상 3:1-14
찬송 : 329, 505장

"여호와께서 사무엘에게 이르시되
보라 내가 이스라엘 중에 한 일을 행하리니
그것을 듣는 자마다 두 귀가 울리리라"(삼상 3:11)

인물 탐구

사무엘이란 '그의 이름은 하나님, 여호와께 구하여 얻은 자' 라는 뜻입니다. 에브라임 산지 라마다임 소빔에서 출생했으며, 레위족속 그핫의 후손입니다. 엘가나와 한나의 아들입니다.

부도덕한 환경 속에서도 하나님과 사람에게 인정받을 만큼 신실하고 성실하게 신앙생활을 한 자로서, 백성들과 사울 왕을 위해 중보기도에 힘쓰며, 그들을 위해 기도하지 않는 것을 '죄'로 여길 만큼 백성들에 대한 사랑과 긍휼이 풍부한 사람이었습니다.

1. 성숙한 신앙의 사람

섬김이란 말은 히브리어로 '봉사하다, 희생하다, 헌신하다, 시중 들다'라는 뜻이 있습니다. 믿음생활은 곧 섬김의 생활입니다. 위로는 하나님을 잘 섬기고 아래로는 사람을 잘 섬기는 것입니다. 예수님도 섬김의 본이 되시기 위해서 이 세상에 오셨습니다.

♥ 마 20:28을 읽고 기록해 봅시다.

_____

_____

성숙한 사람과 미성숙한 사람은 차이가 있습니다. 성숙한 사람은 높은 자리보다 낮은 자리에서 섬기기를 원하고, 이해하고, 양보하고, 빨리 털어 버리고, 헌신하려는 자세, 남을 위해 봉사하려는 자세, 대접하려는 자세를 가진 사람입니다. 그러나 미성숙한 사람은 낮은 자리보다 높은 자리를 원하고, 섬김보다 군림과 호령과 욕심과 야심이 가득하고, 남을 위해 시간도 대접도 할 줄 모르는 사람입니다.

2. 하나님의 전을 가까이 하는 사람

사무엘은 어려서부터 성전에서 생활을 많이 했습니다. "여호와의 전에 누웠다"는 말은 하나님의 전에서 생활했다는 말입니다. 하나님의 전에서 먹고, 자고, 배우고, 일하고, 경험하고, 영적 훈련과 신앙훈련이 잘 되었다는 말입니다.

성도들은 누구든지 교회를 가까이 해야 합니다. 교회를 가까이 하는 사람은 하나님을 가까이 하는 사람입니다. 교회를 멀리 하면 하나님과도 멀어집니다. 하나님이 멀어지면 하나님을 잊어버리고 결국은 믿음을 잃게 되는 것입니다. 교회를 가까이 하면 많은 것을 배웁니다. 하나님, 예수님을 배우고, 말씀, 인격, 찬양, 사랑, 천국, 세상, 애국심, 이웃, 리더십, 발표력, 문화, 예술, 헌신, 인간관계를 배웁니다.

우리도 신앙훈련을 받지 않으면 좋은 믿음의 사람이 될 수 없습니다. 우리의 자녀들도 사무엘과 같이 어려서부터 하나님의 전을 가까이 하여 많은 신앙의 훈련을 받아 훌륭한 사람이 되도록 하여야 하겠습니다.

♥ 딤전 4:7에서 우리에게 무엇을 명하고 있습니까?

_____

_____

3. 하나님의 음성을 듣는 사람

하루는 사무엘이 성전에서 잠을 자는데, 하나님께서 사무엘을 부르시고, 이상과 꿈을 보여 주었습니다. 이상과 꿈과 비전이 보이지 아니하고, 하나님의 음성이 들리지 않는 시대에 사무엘은 하나님의 음성을 들었습니다. 이 세상에서 가장 큰 복은 하나님의 음성을 듣는 복입니다. 설교를 듣는 것이 아니고 하나님의 말씀을 듣는 것입니다.

♥ 막 4:9에서 예수님은 무어라고 말씀하십니까?

_____

_____

하나님의 음성은 수많은 사람을 살리고 변화시킵니다. 바울도 다메섹 도상에서 주님의 음성을 듣고 변화를 받아 엄청난 인물이 되었습니다. 우리도 성경을 읽을 때, 기도할 때, 설교를 들을 때, 그리고 찬양할 때 하나님의 음성을 들을 수 있기를 원합니다.

비교하기

《사무엘과 나를 비교하여 본받을 점과 고칠 점을 기록해 봅시다》

실천하기

《오늘의 말씀을 생각하면서, 한 주간 동안 꼭 실천할 것을 기록해 봅시다》

점검하기

《한 주간, 나의 신앙생활을 점검해 봅시다》

① 하나님 앞에 온전한 예배를 드렸습니까?	예, 아니오
② 날마다 기도를 열심히 했습니까?	예, 아니오
③ 매일 성경을 읽었습니까?	예, 아니오
④ 지난 주 실천사항을 실천했습니까?	예, 아니오

기도하기

《구역식구들의 형편과 처지를 생각하며, 기도제목을 나누고 함께 기도합시다》

7월

뜻을 다 모아

제27과
승리의 여 사사 드보라

성경본문 : 삿 4:1-14

찬송 : 345, 542장

"드보라가 바락에게 이르되 일어나라 이는 여호와께서
시스라를 네 손에 넘겨주신 날이라 여호와께서 너에 앞서 나가지
아니하시느냐 하신지라"(삿 4:14)

인물 탐구

드보라는 '꿀벌'이라는 뜻입니다. 랍비돗의 아내이며, 에브라임 출신이며, 이스라엘의 여사사로 40년을 통치했습니다.

불신앙의 모습이 만연된 사회 속에서도 사사로 선택될 만큼 하나님을 잘 믿었던 자이며, 바락의 청을 듣고 그와 함께 직접 전쟁터에 참가할 만큼 대담하고 용감한 자요, 전투의 시종을 하나님의 지시에 따르고자 했던 순종의 사람이요 신실함을 갖춘 사람입니다.

1. 여성 지도자 드보라

당시의 사회는 여성들을 종속적이고 소극적인 위치에 국한시켰습니다. 그러나 드보라는 이처럼 여성에게 주어진 열악한 사회적 지위를 깨고 사사로 세움 받았습니다. 하나님이 여선지자를 세우신 가장 큰 이유 중 하나는 남자가 자기 일을 하지 못하고 있기 때문이라고 봅니다. 전쟁에 여자가 나가야 할 만큼 이스라엘은 심각한 상태였습니다.

이처럼 인간들의 기준이나 통념은 하나님 앞에서 무가치할 뿐입니다. 즉 하나님의 구원과 선택은 인간적 지위에 의한 것이 아니라 당신 스스로

의 판단에 의해 행해지는 것입니다. 그런데 우리는 주의 일을 하는데 있어서조차 사회적인 지위와 조건을 따져 남을 판단하며, 그를 소극적인 위치로 국한시키기도 합니다. 사회통념상 보잘것없던 부녀자 드보라가 사사로 쓰임 받았고, 또 이스라엘을 구원하는 놀라운 역사를 이룩했음을 우리는 기억해야 합니다.

♥ 여성이 정치나 사회지도자가 되는 것이 어떤 문제가 있다고 생각합니까??
_____
_____
_____

2. 모성애적 지도자 드보라

드보라는 자신을 헌신하며, 백성들의 고충을 잘 해결하고 그들의 불신앙을 회복시키고자 했던 모성애적 자상함이 있었습니다. 바락은 하나님을 의지하는 게 아니라 드보라에게 "당신이 나와 함께 가면 내가 가려니와 만일 당신이 나와 함께 가지 아니하면 나도 가지 아니하겠노라"(4:8)라고 합니다. 바락은 드보라 라는 여자 하나를 믿고 일을 하는 연약한 남성을 상징합니다. 드보라가 하나님을 섬기는데 바락은 드보라를 믿고 일을 합니다.

드보라와 같이 우리도 다른 자에 대하여 그의 고충을 이해해 주고, 더불어 신앙의 교제를 나눌 수 있도록 영육 간에 보살펴주는 자상함을 소유해야 하겠습니다. 이러한 우리의 노력이 있을 때에 하나님과의 올바른 관계회복이 이루어지는 것입니다.

♥ 내가 할 일을 남에게 의지하면 그 결과는 어떻습니까?(삿 4:9)
_____
_____

3. 드보라의 찬양

드보라는 야빈의 군대를 격파한 후 그 승리를 기념하는 승전가를 지어 불렀습니다. 더욱이 그는 그 노래를 통하여 이스라엘 역사 속에 살아계셔서 당신의 뜻을 이루시는 하나님의 놀라운 은총을 찬양하고 있습니다. 우리도 과연 나의 삶에 하나님을 향한 감사의 찬양이 계속되고 있는지를 살펴보면서, 찬양으로써 하나님의 사랑에 화답해야 할 것입니다.

♥ 다음 성경(드보라의 찬양)에서 특별히 무엇을 찬양하고 있습니까?(삿 5:1-4)

_____

_____

비교하기

《드보라와 나를 비교하여 본받을 점과 고칠 점을 기록해 봅시다》

```


```

실천하기

《오늘의 말씀을 생각하면서, 한 주간 동안 꼭 실천할 것을 기록해 봅시다》

점검하기

《한 주간, 나의 신앙생활을 점검해 봅시다》

① 하나님 앞에 온전한 예배를 드렸습니까?	예, 아니오
② 날마다 기도를 열심히 했습니까?	예, 아니오
③ 매일 성경을 읽었습니까?	예, 아니오
④ 지난 주 실천사항을 실천했습니까?	예, 아니오

기도하기

《구역식구들의 형편과 처지를 생각하며, 기도제목을 나누고 함께 기도합시다》

```


```

제28과
큰 용사 기드온과 300명

성경본문 : 삿 6:1-40
찬송 : 331, 351장

"여호와의 사자가 기드온에게 나타나 이르되 큰 용사여
여호와께서 너와 함께 계시도다 하매"(삿 6:12)

인물 탐구

기드온은 '찍어 넘김, 베는 사람'이란 뜻이며, 여룹바알('바알과 다툰다') 또는 여룹베셋('수치가 더불어 이김')이라는 별칭을 얻었습니다. 므낫세 지파의 아비에셀 사람이며, 요아스의 가장 어린 아들입니다. 고향은 오브라이며, 말년에 많은 아내와 첩을 거느렸으며, 아비멜렉을 포함한 71명의 아들을 두었습니다.

이스라엘의 다섯 번째 사사로 이스라엘을 40년간 통치하였으며, 하나님께서 소명을 부여하실 때 "내가 무엇으로 이스라엘을 구원하리이까"라고 대답한 겸손한 자입니다. 300명으로 미디안을 격파할 수 있었던 탁월한 전략과 용맹성을 소유한 자이기도 합니다.

1. 큰 용사 기드온

하나님은 기드온을 큰 용사라고 하였습니다. 큰 용사란 큰 인물이라는 말입니다. 어느 시대이든지 큰 인물이 필요합니다. 그러나 기드온은 원래 큰 용사가 아닙니다. 그는 그림자조차 무서워하는 겁 많은 사람이요, 힘도 없고, 지략도 없고, 가문도 좋지 못하고, 배경도 없고, 부족한 점이 너무도 많았습니다.

♥ 삿 6:15을 보면 기드온은 자신을 어떻게 소개하고 있습니까?

_____

_____

사람의 법칙은 강한 자, 실력 있는 자, 힘 있는 자, 영리한 자를 쓰지만, 하나님의 법칙은 부족한 자를 들어서 강한 자로, 연약한 자를 들어서 용사로 쓰십니다. 모세도 약한 자였지만 하나님은 그를 큰 인물로 쓰셨습니다. 다윗이 어린 목동이었을 때에 하나님은 골리앗 장군을 넘어뜨리도록 했습니다. 베드로도 연약했지만 역사의 귀한 인물로 쓰셨습니다. 하나님은 이전의 기드온은 보시지 않고, 미래의 가능성을 가진 기드온을 보셨습니다.

2. 믿음의 사람 기드온

본문 14절에, "여호와께서 그를 향하여 이르시되 너는 가서 이 너의 힘으로 이스라엘을 미디안의 손에서 구원하라 내가 너를 보낸 것이 아니냐"라고 하셨습니다. 기드온은 오직 하나님의 힘을 의지했습니다. 미디안은 13만 5천의 대군을 거느리고 있었습니다. 오늘날 10개 사단 병력입니다. 그러나 기드온의 군대는 단지 300명뿐이었고, 무기는 항아리와 횃불과 나팔뿐이었습니다. 사단 병력과 중대 병력과의 싸움이요, 승산이 없는 싸움입니다. 이는 하나님의 힘을 철저히 의지해야만 하는 것을 보여 주는 말입니다. 하나님께는 위대한 힘이 있음을 믿으며, 하나님이 이 전쟁을 도와주신다면 반드시 승리할 것을 믿는 것이었습니다.

♥ 시 115:9-12은 무엇을 노래합니까?

_____

_____

3. 성령 충만한 기드온

사사기 6:34에 "여호와의 영이 기드온에게 임하시니"라고 말씀하고 있습니다. 하나님은 기드온에게 성령을 부어 주셨습니다. 성령이 충만한 기드온은 자신감을 가졌습니다. 비로소 군대를 책임질 수 있는 장군이 되었고 용사가 되었습니다. 이제 약자가 아니라 강자가 되었습니다. 사사가 되었고 민족의 지도자가 되었습니다.

감리교 창시자 웨슬리는 "오직 하나님만 섬기고, 죄와 타협하지 않고, 진정으로 교회를 사랑하고, 성령으로 충만하여, 예수만 자랑하는 100명만 하나님 주세요. 그러면 세계를 복음화 할 수 있습니다"라고 기도했답니다.

교회의 역사는 성령 충만한 성도들에 의하여 이루어집니다. 기드온의 300명의 용사도 성령 충만함으로 말미암아 미디안과의 전쟁에서 승리를 할 수 있었던 것입니다. 우리들도 성령 충만하여 우리에게 주어진 사명을 감당할 수 있어야 하겠습니다.

♥ 엡 5:18은 우리에게 무엇을 권합니까?

_____

_____

비교하기

《기드온과 나를 비교하여 본받을 점과 고칠 점을 기록해 봅시다》

실천하기

《오늘의 말씀을 생각하면서, 한 주간 동안 꼭 실천할 것을 기록해 봅시다》

점검하기

《한 주간, 나의 신앙생활을 점검해 봅시다》

① 하나님 앞에 온전한 예배를 드렸습니까?	예, 아니오
② 날마다 기도를 열심히 했습니까?	예, 아니오
③ 매일 성경을 읽었습니까?	예, 아니오
④ 지난 주 실천사항을 실천했습니까?	예, 아니오

기도하기

《구역식구들의 형편과 처지를 생각하며, 기도제목을 나누고 함께 기도합시다》

제29과
환경을 극복한 사사 입다

성경본문 : 삿 11:1-40
찬송 : 374, 407장

"입다가 이를 보고 자기 옷을 찢으며 이르되
어찌할꼬 내 딸이여 너는 나를 참담하게 하는 자요
너는 나를 괴롭게 하는 자 중의 하나로다
내가 여호와를 향하여 입을 열었으니
능히 돌이키지 못하리로다"(삿 11:35)

인물 탐구

길르앗 사람으로 이스라엘의 제9대 사사이며, 그의 이름 입다는 '하나님께서 열 것이다'라는 뜻입니다. 길르앗과 기생 사이에서 태어난 서자이며, 이복형제에 의해 부친의 집에서 추방당했습니다.

서자로 태어나 멸시를 받고, 또 공동체로부터 추방되는 위기 속에서도 하나님에 대한 신앙을 간직하였으며, 비록 자신을 내버린 사람들이지만, 그들이 어려움에 처하여 지도자가 되어줄 것을 요청하자 이를 수락하는 관용과 포용력을 지닌 자였습니다.

1. 환경을 극복한 신앙의 사람

입다는 태어날 때부터 가장 불행한 환경에서 태어났습니다. 기생의 아들로 태어난 것입니다. 윤락녀 창녀의 아들이라는 말이요, 비정상적인 결손가정 출신이라는 말입니다. 집에서도 밖에서도 창녀의 자식이라고 무시를 당했고 눈총을 받았습니다. 분노와 슬픔, 열등감 속에서 어린 시절을 보냈습니다. 그는 천한 신분 때문에 출세 길이 막혔습니다. 더구나 그는 집에서 쫓겨나 타향살이를 했습니다.

사람이 억울하게 고통을 당하면 마음에 분노가 일어나고, 화가 치밀어 오릅니다. 원망과 불평이 생깁니다. 부모에 대한 원망, 형제에 대한 원망, 이웃에 대한 원망, 친구에 대한 원망, 사회에 대한 원망이 생기게 마련입니다. 그러나 입다는 자신의 상황과 환경을 원망하지 않고, 좌절하거나, 체념하거나, 포기하지도 않았습니다. 그는 어려운 환경을 극복했습니다. 그는 결국 이스라엘의 사사가 되었고, 큰 용사요 큰 인물이 되었습니다.

♥ 지금 나를 힘들게 하는 일들은 무엇입니까?

_____

_____

2. 실력을 키우는 신앙의 사람

♥ 고전 1:28의 말씀은 무엇을 의미합니까?

_____

_____

어느 날 암몬족속이 이스라엘을 침략했을 때, 장로들이 입다에게 찾아왔습니다. 그리고 암몬 자손과 싸우려 하니 와서 우리의 장관이 되어달라고 부탁합니다. 이것은 입다가 이미 나라의 국방부장관이 될 정도로 실력을 키웠다는 것입니다. 그는 절망할 수밖에 없는 환경에서도 절망하지 않았습니다. 좌절할 수밖에 없는 환경에서 좌절하지 않았습니다. 오히려 그 가운데서도 실력을 키웠습니다.

입다는 기생의 아들이요 형제들에게서 쫓겨난 자로서, 결국 아무것도 소유하지 못한 하류계층의 사람들과 함께 살아가게 되었지만, 그는 결코 자신의 불운 때문에 한평생 좌절하지 않았으며, 마침내 하나님으로부터 자기 민족을 구원할 구원자로 세우심을 받은 것입니다.

3. 도와주시는 하나님을 믿은 사람

입다는 "만일 여호와께서 그들을 내게 붙이시면"이라고 하였습니다. 여기서 "붙이시면"이라는 말은 '하나님이 도와주신다면, 하나님이 열어주시면'이라는 말입니다. 전쟁은 하나님이 붙잡아 주셔야 되고, 하나님이 도와주셔야 되고, 하나님이 열어주셔야 된다는 말입니다. 입다는 전적으로 하나님의 도움을 구했습니다. 하나님이 열어주셔야 된다고 믿었습니다. 이것은 철저히 하나님 중심이요, 신앙중심입니다.

입다의 뜻은 '열어주시는 하나님, 도와주시는 하나님'이라는 말입니다. 우리에게 경제적으로 막힌 것들이 있고, 사회적으로 막힌 것들이 있고, 개인적으로 가정적으로 막힌 것들이 너무 많이 있습니다.

내 힘으로 이 막힌 것들을 열려고 하지 말고 하나님께 맡겨야 합니다.

♥ 내게 답답함이 있을 때 어떻게 하는 것이 옳습니까?(고후 4:8-10)

_____

_____

비교하기

《입다와 나를 비교하여 본받을 점과 고칠 점을 기록해 봅시다》

```
┌─────────────────────────────────────────────┐
│                                               │
│                                               │
│                                               │
│                                               │
└─────────────────────────────────────────────┘
```

실천하기

《오늘의 말씀을 생각하면서, 한 주간 동안 꼭 실천할 것을 기록해 봅시다》

_____

_____

점검하기

《한 주간, 나의 신앙생활을 점검해 봅시다》

① 하나님 앞에 온전한 예배를 드렸습니까?	예, 아니오
② 날마다 기도를 열심히 했습니까?	예, 아니오
③ 매일 성경을 읽었습니까?	예, 아니오
④ 지난 주 실천사항을 실천했습니까?	예, 아니오

기도하기

《구역식구들의 형편과 처지를 생각하며, 기도제목을 나누고 함께 기도합시다》

```
┌─────────────────────────────────────────────┐
│                                               │
│                                               │
│                                               │
│                                               │
└─────────────────────────────────────────────┘
```

제30과
눈먼 영웅 삼손

성경본문 : 삿 16:1-31
찬송 : 268, 276장

"삼손이 여호와께 부르짖어 이르되
주 여호와여 구하옵나니 나를 생각하옵소서
하나님이여 구하옵나니 이번만 나를 강하게 하사 나의 두 눈을 뺀
블레셋 사람에게 원수를 단번에 갚게 하옵소서 하고"(삿 16:28)

인물 탐구

삼손은 '태양의 사람'이라는 뜻이며, 단 지파 사람으로 이스라엘의 마지막 사사입니다. 모친의 불임 중에 여호와께서 잉태케 하사 태어났으며, 딤나라는 블레셋 여자와 결혼하였습니다.

부모의 반대에도 불구하고 블레셋 여인과 결혼할 정도로 고집이 센 자이며, 맨손으로 사자를 죽이고, 나귀 턱뼈로 사람 1천명을 죽일 만큼 힘이 세고 용맹한 자입니다. 하나님의 명령을 어기고 받은 능력을 오용했으나, 자신의 잘못을 철저히 회개하고 하나님의 영광을 구할 만큼 결단력 있는 신앙의 소유자입니다.

1. 하나님께서 복 주신 사람

삼손은 어릴 때부터 하나님의 복을 받았습니다. 믿음의 복, 지혜의 복, 생활의 복, 건강의 복, 특별히 초자연적인 능력을 발휘하는 복을 받았습니다. 하나님의 복을 받았으니 삼손은 완벽한 복을 받은 인물입니다.

♥ 하나님은 어떠한 사람에게 복을 주시는가?(시 144:15)

_____

_____

여호와를 자기 하나님으로 삼는다는 말은 하나님만을 나의 주인으로 섬긴다는 말입니다. 내 삶의 중심, 내 정신적 기둥은 오직 하나님이라는 말입니다. 먹든지 마시든지 무엇을 하든지 오직 하나님의 영광을 위해서 산다는 말입니다. 우리가 복 받는 비결은 오직 하나님 중심의 삶입니다.

2. 성령 충만한 사람

하나님의 영, 하나님의 신, 성령이 삼손에게 임했습니다. 삼손은 성령이 충만해졌을 때 장사가 되었습니다. 그것은 우연이나 자연적으로 얻어진 힘이 아니라 하나님이 주신 힘입니다. 그는 이스라엘의 사사가 되어 20년간 나라를 지키는데 그 놀라운 힘을 사용하였습니다. 하나님은 우리 모두가 성령 충만하기를 원하십니다.

♥ 성령은 어떤 분이십니까?(사 11:2)

_____

_____

성령의 충만함을 받았다는 말은 성령이 나를 지배하고, 성령이 나를 통제하신다는 말입니다. 지금까지는 내가 나를 통제하였는데 이제는 성령님이 나를 통제합니다. 내가 나를 통제하면 실패와 패배만 있고 성공적인 삶을 살 수 없지만, 성령이 나를 통제하면 창조의 삶, 승리의 삶, 성공의 삶, 가치 있는 삶, 기쁨과 보람의 삶을 살 수 있습니다. 성령을 받아야 은사도 열매도 있고, 사명도 감당할 수 있습니다. 그러므로 우리는 성령의 충만을 받아야 합니다.

3. 삼손의 괴로움

삼손은 여자를 좋아해도 하나님을 섬기지 아니하는 여자만 좋아했습니다. 만나지 말아야 할 여자, 만나서는 안 되는 여자, 사랑해서는 안 되는 여자, 삼손은 그런 여자를 만나 사랑에 빠졌습니다. 결국 여자 때문에 생각도 병들고, 신앙도 병들고, 생활도 병들고, 인격도 병이 들었습니다. 이성도 마비되고, 지도력도 마비되었습니다.

특히 들릴라 라는 여인은 창녀였습니다. 사랑을 돈에 파는 여자, 돈 때문에 사랑을 배신하는 여자, 아주 간사한 여자입니다. 들릴라 라는 뜻은 '요염하다, 매력적이다, 화려하다, 속이는 여자'란 뜻입니다. 그녀는 뛰어난 외모와 몸매를 가진 요염하고 매력적인 여자였습니다. 삼손은 이 여자와 사랑에 빠졌습니다. 그녀는 삼손을 유혹하여 삼손의 이성을 마비시켰고, 집요하게 유혹하여 삼손의 비밀을 알아내어 천하장사 삼손을 무력하게 만들고 말았습니다. 아무리 초자연적인 힘을 소유했고, 하나님의 복과 성령이 충만하여 은혜가 넘치는 사람이라도 정욕을 이기지 못하면 넘어져 불행해질 수밖에 없는 것입니다.

♥ 육체의 정욕을 이길 힘은 무엇일까요?(찬송가 268장 2절)

_____

_____

비교하기

《삼손과 나를 비교하여 본받을 점과 고칠 점을 기록해 봅시다》

실천하기

《오늘의 말씀을 생각하면서, 한 주간 동안 꼭 실천할 것을 기록해 봅시다》

점검하기

《한 주간, 나의 신앙생활을 점검해 봅시다》

① 하나님 앞에 온전한 예배를 드렸습니까?	예, 아니오
② 날마다 기도를 열심히 했습니까?	예, 아니오
③ 매일 성경을 읽었습니까?	예, 아니오
④ 지난 주 실천사항을 실천했습니까?	예, 아니오

기도하기

《구역식구들의 형편과 처지를 생각하며, 기도제목을 나누고 함께 기도합시다》

8월

지혜를 구하고

제31과
하나님께 버림받은 사울 왕

성경본문 : 삼상 15:10-31

찬송 : 25, 449장

"사무엘이 사울에게 이르되 나는 왕과 함께 돌아가지 아니하리니
이는 왕이 여호와의 말씀을 버렸으므로 여호와께서 왕을 버려
이스라엘 왕이 되지 못하게 하셨음이니이다 하고"(삼상 15:26)

인물 탐구

　　사울은 '여호와께 구하다'라는 뜻입니다. 통일왕국의 첫 번째
왕이며 베냐민 지파 기스의 아들이었습니다. 첫째 아내 아히노암을 통해
요나단, 리스위, 말기수아, 아비나답을 낳았고, 첩 리스바에게서 알모니와
므비보셋을 낳았으며, 메랍과 미갈이라는 두 딸을 두었습니다.

　　이스라엘 자손 중에 그보다 더 준수한 자가 없을 만큼 준수한 용모를
갖춘 자이었지만, 블레셋의 침공으로 위협을 느낀 나머지 직접 번제를 드
릴 만큼 성급하고 경솔한 자이기도 합니다.

1. 사울의 교만

　　사울은 아버지의 명령에 따라 잃은 암나귀를 열심히 찾던 도중 사무엘
을 만났고, 기름 부음을 받았습니다. 이처럼 하나님께서는 자기에게 맡겨
진 일상의 작은 일부터 순종하며 성실하게 책임을 다하는 자에게 더 큰
일을 부여하십니다.

　　사울이 경건했던 때에는 성실했을 뿐만 아니라 사환의 충고에도 귀를

기울일 줄 알고 자신을 반대한 사람들에게도 관대함과 용서를 베풀며 하나님만을 바라보았던 사람이었습니다. 그런 그가 하나님을 무시하고 자신의 욕망과 명예를 가까이 했을 때는 시기와 질투와 경솔함으로 실수와 죄악을 일삼게 되었던 것입니다. 사울이 하나님을 의지하고 있는 동안에는 성령이 그와 함께하셨지만, 그가 자만하여 하나님보다 자기를 앞세웠을 때는 성령이 그를 떠나 돌보지 않으셨습니다. 이처럼 하나님의 말씀을 믿고 따라야 할 우리가 하나님을 부인하고 자신을 내세울 때는 하나님께서도 더 이상 우리를 돌아보지 않으십니다. 그러므로 우리는 연약할 때나 강건할 때, 눈물이 있을 때나 웃음이 있을 때, 낮을 때나 높아졌을 때, 그어느 때든지 겸손하게 하나님만을 의뢰하고, 하나님만을 내세우는 자가 되어야 합니다.

♥ 마 10:33은 우리에게 무엇을 경고했니까?

_____

_____

2. 사울의 실수

블레셋과의 전투에서 사울은 사무엘을 끝까지 기다리지 못하고, 제사장만이 드릴 수 있는 제사를 직접 드렸습니다. 이는 사울이 하나님의 규례에 대한 순종보다는 지금의 상황에서는 어쩔 수 없다는 이기적인 상황윤리에 빠졌음을 보여 줍니다. 이처럼 우리 생활 중에도 상황의 윤리를 내세우는 경우가 많이 있습니다. 그러나 분명 하나님께서는 어떠한 상황과 환경 속에서라도 하나님의 말씀 그대로 순종하여 행동하기를 요구하고 계심을 기억해야 합니다.

♥ 신 26:16에서 하나님은 우리에게 무엇을 명하고 있습니까?

_____

_____

또한 사울은 블레셋과의 싸움에서 형식적으로 여호와를 위하여 단을 쌓았습니다. 이는 하나님의 능력을 거부하면서도 외형적으로는 열심 있는 척 행동한 것입니다. 그러나 진정 하나님께서는 형식적인 제사보다는 자기중심을 하나님께 바치며, 회개하고 애통해 하는 마음을 원하십니다. 혹 우리도 마음 중심보다는 그저 습관화된 채 예배드리는 형식만을 일삼지는 않은가 생각해 보아야 할 것입니다.

3. 폐위되는 사울

사울은 아말렉과의 싸움에서 승리했으나 오히려 사무엘로부터 폐위선언을 듣게 되었습니다. 왜냐하면 그가 아멜렉의 모든 소유를 진멸하라는 하나님의 명령을 어기고 좋은 전리품을 남겼으며, 또 자신을 내세우고자 기념비를 세웠고, 자신의 잘못을 백성들에게 전가시키는 등 극도로 교만해졌기 때문입니다. 우리 역시 자신과 물질에 대한 욕심 때문에 나름대로의 생각과 방법으로 하나님을 섬기고 있지 않은가? 진정 제사보다 순종이 낫다는 하나님의 경고를 겸허하게 들어야 할 것입니다.

사울은 자기 자신을 과신하고, 왕위에 대한 집착과 다윗에 대한 질투 때문에 결국 남을 미워하고 죽이고 음모하는 비참한 인생을 살게 되었고, 종국에는 수치스러운 죽음을 맞이하였습니다. 이는 남보다 자기가 앞서기 위해, 때로 남을 파멸로 몰고 가기까지 수단과 방법을 가리지 않는 오늘날의 시대상을 여실히 보여 줍니다.

♥ 지금 당신에게도 은연중에 이러한 모습이 앞서고 있지는 않습니까?

비교하기

《사울과 나를 비교하여 본받을 점과 고칠 점을 기록해 봅시다》

실천하기

《오늘의 말씀을 생각하면서, 한 주간 동안 꼭 실천할 것을 기록해 봅시다》

점검하기

《한 주간, 나의 신앙생활을 점검해 봅시다》

① 하나님 앞에 온전한 예배를 드렸습니까?	예, 아니오
② 날마다 기도를 열심히 했습니까?	예, 아니오
③ 매일 성경을 읽었습니까?	예, 아니오
④ 지난 주 실천사항을 실천했습니까?	예, 아니오

기도하기

《구역식구들의 형편과 처지를 생각하며, 기도제목을 나누고 함께 기도합시다》

제32과
우정의 왕자 요나단

성경본문 : 삼상 18:1-19:7
찬송 : 219, 475장

"요나단은 다윗을 자기 생명같이 사랑하여
더불어 언약을 맺었으며" (삼상 18:3)

인물 탐구

요나단은 '여호와께서 주신다'는 뜻이며, 사울 왕과 아히노암 사이에 태어난 아들입니다. 그에게는 아들 므비보셋이 있습니다. 다윗의 진실 된 친구이며, 사울과 함께 장사되었습니다.

2,000명의 군사를 지휘하여 블레셋의 수비대를 격파할 정도로 군사적 지략이 뛰어난 자요, 사울이 다윗을 죽이려 할 때 부자 간의 정에 얽매이지 않고 불의에 대하여 항변을 할 만큼 정의로운 자였습니다. 자기의 생명까지도 불사하고 친구 다윗을 살려주고자 애쓸 만큼 신의 있는 자입니다.

1. 하나님을 경외하는 요나단

요나단은 사울 왕의 장남이었으며 1,000명의 군사를 거느리는 장관이었습니다. 그의 주둔지역은 기브아였으므로 블레셋과 마주 대하는 진지이기도 하였습니다.

한번은 병기를 든 소년과 함께 적진을 쳐들어가 블레셋군의 주둔지역에서 20명을 처치했습니다. 그때 블레셋군의 혼전으로 큰 전과를 올려 선민의 권위를 세우게 되었습니다. 이때에 남긴 말이 "여호와의 구원은 사람의 많고 적음에 달리지 아니하였느니라"(삼상 14:6)는 것이었습니다. 요나단은 하나님을 의지하고 두려워할 줄 아는 신앙인이었고, 정치에도 하나님을 중심으로 한 영적인 질서를 앞세우는 사람이었습니다. 그러므로 다윗이 골리앗을 쓰러뜨리자 하나님이 다윗을 들어 크게 사용하실 것을 알았으며, 다윗의 장래를 내다보고 있었습니다. 결국 요나단과 다윗은 목숨을 대신하는 우정을 나누는 친구요 피와 성은 다르지만 형제같이 서로 사랑하는 사이가 되었습니다.

♥ 당신은 이와 같이 진정한 친구가 있습니까? 또 그가 어려울 때 찾을 수 있는 진실한 친구가 되어주고 있습니까?

_____

_____

2. 진정한 우정을 베푸는 요나단

요나단과 다윗 사이의 우정은 한 아버지에게서 태어난 형제간의 우애보다 더 깊었으며, 서로가 상대방을 위해 자신을 내어줄 만큼 뜨거운 사이였습니다. 언약이나 계약에 의한 우정이 아니라 두 사람 사이에 가진 친교와 대화, 상대방을 위한 관심과 서로 베풀었던 후의와 애정으로 결합된 친분이었습니다.

자기의 생명같이 다윗을 사랑하고 그를 지키고자 끊임없이 애쓰는 요나단의 모습은 참된 교우관계의 모범을 보여 줍니다. 참된 우정은 결코 이기적이지 않고, 또 가장 어렵고 절망 중에 빠졌을 때에 위로해 주고 도와주는 것입니다.

또한 요나단은 아버지 사울의 분노 앞에서 이를 두려워하거나 어리석은 명예욕에 얽매이지 않고 생명을 다해 다윗을 변호하였습니다. 도망 다니는 절박한 상황에 처한 다윗을 요나단이 변호하며 끊임없이 도왔듯이, 우리 주님께서도 우리를 끝까지 도와주심을 기억해야 합니다. 성도는 두려움으로 인해 불의와 타협해서는 안 되며, 매순간마다 하나님의 편에서 생각하고 진리를 담대히 변호할 줄 알아야 합니다.

♥ 요나단은 다윗을 어떻게 감싸주었습니까?(삼상 19:1-7)

_____

_____

_____

3. 왕위 계승을 거부하는 요나단

요나단은 자신이 왕자임에도 불구하고 하나님의 뜻에 따라 다윗이 다음 왕이 될 것을 인정하며 순복했습니다. 오늘 우리의 사회는 어떠합니까? 명예와 권세욕에 눈이 어두운 많은 정치인들이 국민들은 아랑곳없이 당의 이익만을 위하여 정쟁만 일삼지 않습니까? 요나단은 이기적 사고가 가득하여 편안하고 안락한 자리에만 앉으려고 발버둥치는 현대인들의 모습과 대조를 이룹니다. 그러므로 성도된 우리는 이웃에 대한 양보와 사랑을 삶 속에서 실천해 나가며, 하나님의 뜻 앞에서는 자신을 철저히 굴복하고 순종할 줄 알아야 하겠습니다.

요나단이 죽은 후 지체장애아인 아들 므비보셋은 다윗의 도움을 받게 되었습니다. 다윗은 사울의 재산을 회수하여 므비보셋에게 돌려주었으며, 그를 돕는 자로 시바를 맺어주어 보살피게 하였으며, 평생 므비보셋의 신변을 보장했고 그를 편안히 안주하게 해주었습니다. 요나단이 위기에 처한 다윗을 끝까지 도운 것이 므비보셋에게 큰 은혜가 되었습니다.

비교하기

《요나단과 나를 비교하여 본받을 점과 고칠 점을 기록해 봅시다》

실천하기

《오늘의 말씀을 생각하면서, 한 주간 동안 꼭 실천할 것을 기록해 봅시다》

점검하기

《한 주간, 나의 신앙생활을 점검해 봅시다》

① 하나님 앞에 온전한 예배를 드렸습니까?	예, 아니오
② 날마다 기도를 열심히 했습니까?	예, 아니오
③ 매일 성경을 읽었습니까?	예, 아니오
④ 지난 주 실천사항을 실천했습니까?	예, 아니오

기도하기

《구역식구들의 형편과 처지를 생각하며, 기도제목을 나누고 함께 기도합시다》

제33과
도전 받는 왕 다윗

성경본문 : 삼상 26:7-12
찬송 : 300, 523장

"폐하시고 다윗을 왕으로 세우시고 증언하여 이르시되
내가 이새의 아들 다윗을 만나니 내 마음에 맞는 사람이라
내 뜻을 다 이루리라 하시더니" (행 13:22)

인물 탐구

다윗은 '사랑스러운 자'라는 뜻입니다. 이스라엘의 왕정(王政)의 두 번째 왕이며, 유다지파 이새의 막내아들로서 베들레헴에서 출생했습니다. 7명의 형들과 2명의 누이가 있었으며, 미갈, 아히노암, 아비가일, 밧세바 등 많은 아내와 첩을 두었으며, 19남 1녀를 두었습니다. 특히 우리아의 아내 밧세바에게서 솔로몬을 낳았습니다.

그는 원래 목동이었으나, 하나님의 마음에 합한 사람으로 인정받을 만큼 겸손하고 신실한 신앙인이었으며, 사울 왕의 궁중 악사로서, 또 왕으로서 자기에게 맡겨진 일에 최선을 다할 만큼 책임감 있고 성실한 자 이기도 합니다.

1. 골리앗과의 싸움

이스라엘이 블레셋과 전쟁할 때에 골리앗이란 거인이 나와서 이스라엘을 모욕하는데도 두려워 나서는 장병이 없었습니다. 어린 다윗이 전장에 있는 형들에게 먹을 것을 전하러 갔다가 골리앗과 한판승을 겨루게 됩니

다. 이때 다윗이 칼과 창 없이 골리앗을 이길 수 있었던 것은 오직 하나님의 이름을 의지하고 나아갔기 때문입니다.

♥ 다윗이 골리앗에게 나아갈 때 무엇이라 하였습니까?(삼상 17:45-47)

_____

_____

_____

이처럼 전적으로 하나님께서 함께하실 것이라는 것을 믿는 믿음으로 나아갈 때에만 하나님이 함께하시며, 승리를 얻게 되는 것입니다. 그러므로 우리도 어떠한 역경과 환난을 당할 때에도 먼저 하나님의 도우심을 간구하며, 하나님을 의지하며 담대히 나아가는 자가 되어야 하겠습니다.

2. 사울과의 대결

사울은 하나님으로부터 기름부음 받은 이스라엘의 초대 왕입니다. 그러나 그는 하나님을 섬기는 왕으로서의 신분을 망각하고 하나님을 믿지 않는 다른 나라의 왕들의 풍습을 좇습니다. 그는 하나님이 아말렉 족속을 진멸하라 했으나 그 뜻을 따르지 않습니다. 그의 행동은 이방나라 임금들과 다른 것이 없습니다. 오늘 우리들의 모습도 믿지 않는 사람들과 다르지 않다면 우리도 사울과 같이 언제 하나님께 버림을 당할지 모릅니다. 사울은 훗날 다윗의 인기가 높아지자 그를 제거하려고 애씁니다. 이러한 일은 이방나라에서는 당연히 있는 일입니다. 그러나 그것은 어디까지나 세상의 기준인 것입니다. 다윗은 사울을 죽일 수 있는 기회를 얻었지만, 하나님의 사람에게 손대는 것은 주님의 뜻이 아니라고 하며 살려줍니다. 참으로 다윗은 세상의 풍습보다 따르기 힘든 하나님의 뜻을 따른 자입니다.

♥ 다윗이 사울을 죽이지 아니한 이유는 무엇입니까?(삼상 26:11, 24)

_____

_____

3. 아들에게 쫓기는 다윗

다윗의 아들 압살롬은 준수한 미남에다가 사람들에게 매우 호감을 얻는 인물이었습니다. 세상적인 기준으로 볼 때, 왕으로서의 조건이 충분히 갖춰져 있었습니다. 그는 백성들의 인기를 얻자 교만해져서 자기가 왕이 되고자 아버지 다윗에게 반기를 들었던 것입니다.

다윗이 압살롬의 공격으로 도망할 때 다윗의 신복들은 마치 임금의 옥쇄와 같은 하나님의 법궤를 가지고 피신할 것을 조언합니다. 그러나 압살롬의 반란이 밧세바를 범하고 그의 남편 우리아를 억울하게 죽인 자신의 죄과에 대한 하나님의 심판임을 분명히 깨달아 알고 있었습니다. 그러기에 이러한 진노 가운데 자신이 불경하게 하나님의 법궤와 가지고 함께 피난행렬에 임하는 것은 죄 위에 죄를 쌓는 것이라고 생각했습니다. 그러므로 다윗은 법궤를 예루살렘에 그대로 두고 피난행렬에 올랐습니다. 그는 자기 아들 압살롬의 반란 기간을 자기 회개의 기간으로 삼았습니다.

♥ 다윗과 같이 아들이 배신하고 반역을 한다면, 어떻게 대하겠습니까?

_____

_____

비교하기

《다윗과 나를 비교하여 본받을 점과 고칠 점을 기록해 봅시다》

실천하기

《오늘의 말씀을 생각하면서, 한 주간 동안 꼭 실천할 것을 기록해 봅시다》

점검하기

《한 주간, 나의 신앙생활을 점검해 봅시다》

① 하나님 앞에 온전한 예배를 드렸습니까?	예, 아니오
② 날마다 기도를 열심히 했습니까?	예, 아니오
③ 매일 성경을 읽었습니까?	예, 아니오
④ 지난 주 실천사항을 실천했습니까?	예, 아니오

기도하기

《구역식구들의 형편과 처지를 생각하며, 기도제목을 나누고 함께 기도합시다》

제 34과
영광과 지혜의 왕 솔로몬

성경본문 : 왕상 3:1-15

찬송 : 428, 490장

"내가 네 말대로 하여 네게 지혜롭고 총명한 마음을 주노니
네 앞에도 너와 같은 자가 없었거니와
네 뒤에도 너와 같은 자가 일어남이 없으리라" (왕상 3:12)

인물 탐구

솔로몬은 '평화로움, 화평함'이란 뜻이며, "여디디야"(하나님의 사랑을 받은 자)로도 불립니다. 예루살렘 출생으로, 다윗과 밧세바 사이의 두 번째 아들이며, 700명의 아내와 후궁을 취하였습니다. 통일왕국 이스라엘의 제3대 왕입니다.

백성들을 통치하기 이전에 먼저 하나님께 일천번제를 드린 것을 볼 때 하나님 중심의 신앙관을 가진 왕이며, 하나님께 다른 여러 가지를 구하지 않고 왕으로서의 사명을 잘 감당할 수 있는 지혜를 구할 만큼 사명감이 투철하고 겸손한 자입니다.

1. 하나님을 사랑하는 왕

♥ 솔로몬이 태어난 성경의 배경을 알아봅시다(삼하 12:24-25).

_____

_____

_____

솔로몬은 하나님의 사랑을 입은 자로서 그 역시 하나님을 깊이 사랑했던 사람이었습니다. 솔로몬은 부친 다윗의 신앙을 본받았으며, 나단 선지자의 신앙교육을 통하여 하나님의 말씀을 잘 배웠으며, 어린 나이에도 불구하고 기브온에서 왕위에 오를 수 있었습니다. 하나님의 은혜와 부모의 사랑과 스승의 돌봄 속에서 자란 솔로몬은 하나님에 대한 신앙이 그의 삶의 중심이 되었던 것입니다.

솔로몬은 또한 부친 다윗이 평정한 나라를 그대로 물려받아서 번영을 누렸습니다. 우리의 젊은이들도 솔로몬처럼 하나님과 부모님의 사랑으로 말미암아 하나님을 사랑하고, 어른을 공경하는 마음으로 자라나도록 해야 하겠습니다.

2. 일천번제를 드리는 왕

솔로몬이 하나님을 얼마나 사랑하는가는 그가 먼저 일천번제를 드린 것을 통해서 잘 알 수 있습니다. 천 마리의 희생제물을 하나님께 바치면서 일천번제를 드렸다는 것은 힘에 넘치도록 많이 드렸다는 것이요, 계속해서 정성껏 드렸다는 것입니다. 이는 힘써 주님을 섬기는 아름다운 마음의 자세를 말해줍니다. 힘써 드리는 자는 하나님께 칭찬을 받고, 신앙이 성장하는 은혜를 받게 되는 것입니다.

♥ 하나님은 솔로몬에게 어떻게 나타나셨습니까?(왕상 3:5)

하나님께서 기뻐하시면 기도에 응답해 주실 뿐만 아니라 구하지 않는 것까지도 넘치게 주십니다. 하나님께서는 솔로몬이 구하지 않았던 부와 영광과 장수까지 주셨습니다(왕상 3:11-13). 이로써 솔로몬은 지혜롭고 총명한 마음을 얻어 나라를 잘 다스릴 수 있었습니다. 우리에게도 국민들의

호소와 바람을 잘 듣고 즉시 조치해 줄 수 있는 지도자가 필요합니다. 하나님의 음성을 들을 수 있는 뜨거운 가슴의 지도자, 백성들의 고통을 듣고 풀어주는 지도자, 솔로몬 왕 같은 지도자가 우리나라에서도 나올 수 있도록 기도해야 하겠습니다.

3. 성전을 건축하는 왕

솔로몬은 부친 다윗과 같은 열정을 가지고 7년 동안 성전을 건축했습니다. 이 성전은 돌로 지은 최초의 성전이었습니다. 성전은 하나님께서 거하시는 곳이요, 말씀을 주시는 곳이며, 성도들이 은혜를 받고 예배드리는 곳입니다. 성전을 중심으로 생활할 때 우리의 신앙은 성장하며, 삶이 풍성해지고, 기도가 응답되며, 건강하고 복되게 살아갈 수 있게 됩니다.

솔로몬은 부친 다윗과 같은 열정을 가지고 7년 동안 성전을 건축했습니다. 이 성전은 돌로 지은 최초의 성전이었습니다. 성전은 하나님께서 거하시는 곳이요, 말씀을 주시는 곳이며, 성도들이 은혜를 받고 예배드리는 곳입니다. 성전을 중심으로 생활할 때 우리의 신앙은 성장하며, 삶이 풍성해지고, 기도가 응답되며, 건강하고 복되게 살아갈 수 있게 됩니다.

솔로몬이 지은 성전을 위해서는 수만 명의 인력이 동원되었고 상상할 수 없는 양의 보석과 재물이 바쳐졌습니다(대하 3:6-7). 우리도 이처럼 하나님의 집을 위해서 값비싼 것은 드릴 수 없을지라도 정성껏 드릴 수는 있어야 하겠습니다.

♥ 솔로몬의 고백은 무엇입니까?(왕상 3:6)

_____

_____

비교하기

《솔로몬과 나를 비교하여 본받을 점과 고칠 점을 기록해 봅시다》

실천하기

《오늘의 말씀을 생각하면서, 한 주간 동안 꼭 실천할 것을 기록해 봅시다》

점검하기

《한 주간, 나의 신앙생활을 점검해 봅시다》

① 하나님 앞에 온전한 예배를 드렸습니까?	예, 아니오
② 날마다 기도를 열심히 했습니까?	예, 아니오
③ 매일 성경을 읽었습니까?	예, 아니오
④ 지난 주 실천사항을 실천했습니까?	예, 아니오

기도하기

《구역식구들의 형편과 처지를 생각하며, 기도제목을 나누고 함께 기도합시다》

제35과
정직한 지도자 히스기야

성경본문 : 왕하 18:1-8
찬송 : 217, 442장

"히스기야가 이스라엘 하나님 여호와를 의지하였는데 그의 전후 유다 여러 왕 중에 그러한 자가 없었으니" (왕하 18:5)

인물 탐구

히스기야의 이름은 '여호와는 나의 힘'이라는 뜻입니다. 유다 왕 아하스와 아비야 사이의 아들로서, 25세에 유다 제13대왕으로 즉위하여 25년간 통치하였으며, 그리스도의 족보에 오른 사람입니다.

우상숭배에 빠졌던 부친과는 달리 하나님께 인정받을 만큼 여호와만을 전적으로 의지하고 정직히 행하였으며, 예루살렘 성전을 수리하고, 우상숭배의 단을 제거하며, 유월절을 다시 제정할 만큼 과감한 개혁을 시도하였습니다. 앗수르의 침공으로 위험에 처했을 때, 또 자신이 병들었을 때 기도함으로 해결함을 받을 만큼 전적으로 기도에 힘썼습니다.

1. 정직한 지도자

윤리와 도덕성에서 가장 중요한 것은 정직성입니다. 특히 통치자에게 필요한 것이 정직성입니다. 통치자 자신이 정직하지 않으면 국민을 올바로 이끌 수 없고 개혁도 할 수 없습니다. 그와 같은 사실은 그간 우리나라의 정치현실에서도 그대로 드러나고 있지 않습니까? 스스로 깨끗하지 않고서는 과감한 개혁을 단행할 수 없다는 것을 여실히 보여 주고 있습니다.

나 자신에게, 내 이웃에게 새삼 정직해지려면 어렵지만 먼저 하나님 앞에 서면 정직해질 수밖에 없습니다. 세상에 그 누가 하나님 앞에서 정직하지 않을 수 있겠습니까? 히스기야 왕이 하나님 보시기에 정직하였다는 말은 그가 자주 하나님 앞에 섰다는 것을 의미합니다. 이렇게 먼저 하나님 앞에서 정직해지면 자연히 자기 자신에게도 정직해지고 자기 자신에게 정직해지면 다른 사람에게도 정직해질 수 있습니다. 히스기야 왕은 자기 자신이 어느 것에도 거리낄 것이 없이 정직하였기에 단호하게 우상을 타파하는 개혁을 수행했는데 자신의 아버지가 만든 여러 신당을 쓸어버리는 것은 물론 심지어 모세가 만들었던 놋 뱀까지 깨뜨려 버릴 정도였습니다.

2. 오직 여호와만을 의지하고

히스기야 왕의 또 다른 훌륭한 점은 그의 신앙에서 찾을 수 있습니다. 그의 이름 히스기야는 '하나님은 능력이시라'는 뜻인 것만 보아도 그의 신앙심이 어느 정도인지 미루어 짐작할 수 있습니다. 우리가 스스로 신앙인임을 자처하고 살지만 매사에 하나님을 의지할 수 있던가요? 그렇게 하면 오히려 큰 능력으로 살 수 있지만 그렇게 하지 못합니다. 히스기야 왕은 무슨 일이 있든 먼저 하나님을 의지하고 하나님께 묻고 도움을 청했기에, 두려움이나 막힘이 없이 옳다고 생각한 일을 이루어나갈 수 있었습니다.

♥ 히스기야는 하나님을 얼마나 의지하였습니까? (왕하 18:6)

_____

_____

생활 속에 기도가 끊이지 않았던 히스기야 왕은 하나님께 간절히 기도하였고 기도에 대한 응답은 곧바로 하루아침에 앗수르의 군사 18만 5천명이 죽는 기적으로 나타납니다.

3. 신앙인이 체험하는 형통의 사건

진정한 의미의 형통은 무사형통을 의미하는 게 아닙니다. 비록 어려움에 빠지게 되더라도 그 어려움을 극복하면서 하나님의 더 큰 은혜를 체험하는 것을 말합니다. 만사형통을 보장받은 것 같은 히스기야 왕에게도 시련은 왔습니다. 첫째는 외세의 침략이었고 둘째는 병으로 인한 사형선고였습니다.

♥ 히스기야에게 이사야 선지자가 전해준 신상문제는 무엇입니까?(왕하 20:1)

졸지에 죽음 앞에 놓인 그는 진실과 전심으로 주 앞에 행하며, 주께서 보시기에 선하게 행한 것을 기억해 달라고 호소합니다. 하나님은 히스기야 왕의 행위를 기억하시고 15년의 새 삶을 약속하셨습니다. 그리고 그 증거로 해 그림자를 10도 뒤로 물러나게 하는 우주적인 기적의 사건으로 큰 은혜의 체험을 하게 하셨습니다.

다윗 왕과 같은 강력한 통치력도, 솔로몬 왕과 같은 뛰어난 지혜도 없었던 히스기야 왕이 훌륭한 왕으로 인정받는 것은, 소위 권력과 명예가 있다는 사람들은 말할 것도 없고, 평범한 사람들조차도 소홀히 여기기 쉬운 작지만 소중한 가치, 즉 정직과 믿음과 기도생활, 그리고 선한 삶을 귀하게 여기고 행했기 때문일 것입니다.

비교하기

《히스기야와 나를 비교하여 본받을 점과 고칠 점을 기록해 봅시다》

실천하기

《오늘의 말씀을 생각하면서, 한 주간 동안 꼭 실천할 것을 기록해 봅시다》

점검하기

《한 주간, 동안 나의 신앙생활을 점검해 봅시다》

① 하나님 앞에 온전한 예배를 드렸습니까?	예, 아니오
② 날마다 기도를 열심히 했습니까?	예, 아니오
③ 매일 성경을 읽었습니까?	예, 아니오
④ 지난 주 실천사항을 실천했습니까?	예, 아니오

기도하기

《구역식구들의 형편과 처지를 생각하며, 기도제목을 나누고 함께 기도합시다》

9월

힘을 합하여

제36과
1차 귀환의 지도자 스룹바벨

성경본문 : 스 5:1-17
찬송 : 208, 210장

"스룹바벨과 예수아와 기타 이스라엘 족장들이 이르되
우리 하나님의 성전을 건축하는 데 너희는 우리와 상관이 없느니라
바사 왕 고레스가 우리에게 명령하신 대로 우리가 이스라엘의
하나님 여호와를 위하여 홀로 건축하리라 하였더니" (스 4:3)

인물 탐구

　　스룹바벨은 '바벨론의 후예'라는 뜻이며, 다윗의 혈통으로 여호야김의 손자요 스알디엘의 아들입니다. 유다가 바벨론에게 패망한 이후 포로생활을 하던 중 바사의 고레스 왕에 의해 해방되어 백성들이 자유롭게 고국으로 돌아오게 되었을 때, 스룹바벨이 무리들을 인도하여 나왔습니다. 이때에 귀족과 왕족과 제사장들과 공장들과 많은 역군들이 예루살렘으로 돌아왔습니다. 그는 이스라엘 민족의 지도자요 또한 성전을 건축한 사람입니다.

1. 스스로 굳세게 하라

　　하나님께서 선지자 학개를 통하여 말씀을 주시고 이스라엘의 지도자와 그 백성들의 마음을 움직이시고 흥분시키셔서 성전 중건의 역사를 마치게 되었습니다. 그러나 그 성전은 레바논의 백향목과 순금으로 지어진 것도 아니었고 유능한 장인의 손길을 거친 것도 아니었습니다. 포로 가 되기

전에 솔로몬 성전의 위용을 보았던 사람들로서는 스룹바벨 성전이 성전 같지가 않았을 것입니다. 그들은 하나님께서 그 성전에 진정 거하실 것인가에 대해서 큰 의문을 가졌을 것입니다.

우리도 하나님의 뜻에 순종하는 마음으로 행한 일이 그럴듯하게 보이지 않게 마무리되는 경우를 경험합니다. 그럴 때 정말 하나님의 뜻이었나에 대한 회의가 들고 자신의 인간적 의욕이 넘쳤던 것으로 생각하기 쉽습니다. 그러나 하나님께서는 "스스로 굳세게 하라"고 학개서 2장 4절에서 3번씩이나 반복해서 말씀하셨습니다. 그것은 바로 하나님의 약속의 말씀과 하나님의 신이 그들과 함께 거하신다는 것입니다.

♥ 당신은 당신의 어떤 것에 실망하십니까? 그것이 하나님의 약속과 하나님의 신
   이 함께하는 것으로 극복될 수 없는 것입니까?

---

2. 초라할수록 빛나는 것

하나님께서는 귀환한 이스라엘 백성들을 통하여 솔로몬 성전보다 더 크고 화려한 성전을 지을 수도 있었습니다. 솔로몬 때처럼 열국들을 감동시키셔서 그들이 물품과 장인들을 보내도록 하면 되는 것입니다. 그러나 하나님께서는 그렇게 하지 않으셨습니다. 그리고 크고 화려한 건축물에서는 얻을 수 없는 것을 이스라엘 백성들에게 주고자 하셨습니다.

하나님의 성전은 레바논의 백향목이나 황금으로 인해 영광이 드러나는 것이 아니라 만국의 보배이신 예수 그리스도께서 계심으로 말미암아 영광이 드러나는 것입니다. 그리고 성전 된 우리를 이 전의 어떤 성전의 영광보다 더 영광스럽게 만들어 가십니다. 이것이 만군의 여호와이신 하나님께서 오늘날 우리에게 하시는 일입니다.

♥ 당신은 당신의 몸이 솔로몬 성전보다 더 영화롭다는 것을 아십니까? 갈수록 초라해지는 성전의 외양을 통해서 더욱 영광을 드러내시는 하나님의 지혜를 느끼십니까?

_____

3. 무력함을 느낄 때

스룹바벨은 힘이 있는 왕이 아니었습니다. 바사(페르시아)국 왕 다리오로부터 권한을 위임받은 말 그대로 총독이었습니다. 그리고 그에게는 다윗 왕의 리더십이나 솔로몬과 같은 지혜가 없었습니다. 그때 하나님께서는 스룹바벨에게 따로 학개를 통하여 말씀을 주셨습니다. 하나님께서는 스룹바벨을 취하고 스룹바벨을 인으로 삼겠다고 말씀해 주셨습니다. 하나님의 모든 사역의 중심에는 예수 그리스도가 계십니다. 마태복음 1:12-13을 보면, 스룹바벨이 바로 예수님의 조상으로 거명되고 있는 것을 알 수 있습니다. 하나님께서는 예수님을 이 땅에 보내실 아브라함과 다윗의 반열에 속한 자로 스룹바벨을 세우시고 그를 그렇게 사용하신 것입니다.

♥ 당신은 스스로 영적으로나 세상적으로 무기력하다고 생각하지는 않습니까? 그렇게 생각하는 이유는 무엇입니까?

_____

_____

♥ 하나님께서 당신을 선택하시고 사용하시길 원하시는 분야는 무엇이라고 생각하십니까?

_____

_____

비교하기

《스룹바벨과 나를 비교하여 본받을 점과 고칠 점을 기록해 봅시다》

실천하기

《오늘의 말씀을 생각하면서, 한 주간 동안 꼭 실천할 것을 기록해 봅시다》

점검하기

《한 주간, 나의 신앙생활을 점검해 봅시다》

① 하나님 앞에 온전한 예배를 드렸습니까?	예, 아니오
② 날마다 기도를 열심히 했습니까?	예, 아니오
③ 매일 성경을 읽었습니까?	예, 아니오
④ 지난 주 실천사항을 실천했습니까?	예, 아니오

기도하기

《구역식구들의 형편과 처지를 생각하며, 기도제목을 나누고 함께 기도합시다》

제37과
2차 귀환의 지도자 에스라

성경본문 : 스 7:1-10
찬송 : 360, 433장

"에스라가 여호와의 율법을 연구하여 준행하며
율례와 규례를 이스라엘에게 가르치기로 결심하였었더라" (스 7:10)

인물 탐구

에스라의 이름은 '여호와가 도움'이란 뜻입니다. 스라야의 아들이며, 대제사장 아론의 후손으로 사독 계열의 제사장이자 바사의 율법학자 출신으로서 제2차 포로귀환 때 유다 인을 인솔한 지도자 중 한 사람입니다.

율법에 익숙한 학사이며, 제사장이면서도 율법을 꾸준히 연구하며 준행한 겸손한 탐구자이며, 연구한 것을 백성에게 가르쳐 그들의 과오를 깨닫고 회개케 한 뛰어난 교육자이기도 합니다. 백성들의 잘못을 자신의 죄인양 애통해하며 회개한 것으로 보아 참사랑을 소유한 자라고 할 수 있습니다.

1. 믿음의 뿌리가 깊은 에스라

나무는 뿌리가 깊어야 거센 바람을 이겨내고 또 크게 자랄 수 있습니다. 우리의 믿음도 마찬가지입니다. 믿음의 뿌리가 깊어야 합니다. 디모데의 믿음은 뿌리가 깊었습니다. 외할머니 로이스와 어머니 유니게를 통하여 디모데에게 이어진 믿음입니다. 즉, 대를 잇는 신자였고 나중에 바울의 동역자가 되었습니다. 믿음의 뿌리는 깊을수록 좋습니다.

오늘 본문의 주인공은 에스라입니다. 그는 대제사장 아론의 제16대손입니다. 그리고 유명한 사독의 제5대손이기도 합니다. 믿음의 가문으로서는 최고의 가문이라 해도 좋습니다. 이스라엘 사람들이 아브라함의 자손 됨을 자랑하듯, 그리고 다윗의 후손들이 다윗의 후손 됨을 자랑하듯, 에스라는 믿음의 뿌리가 깊은 대제사장 아론의 자랑스러운 자손이었습니다. 대를 이어가는 뿌리 깊은 믿음은 참 보배라 할 수 있습니다.

2. 도움 받은 에스라

다윗이 압살롬의 난을 피해 요단강 건너 마하나임에 갔을 때 소비와 마길과 바르실래의 결정적인 도움을 받았습니다. 그 도움이 아니었다면 그 곤경을 헤어나는 데 큰 어려움을 겪었을 것입니다. 그들의 도움이 큰 힘이 되었지만 그보다 큰 도움은 하나님의 도우심이었다는 사실입니다.

♥ 스 7:6을 읽고 기록하여 봅시다.

_____

_____

사람들의 도움은 그 때뿐이지만 하나님의 도우심은 절대적입니다. 다윗의 승리가 여기에 있었다면 압살롬의 패망은 하나님의 도우심이 없었다는 데 있습니다. 오늘 본문을 보면 에스라가 하나님의 도우심을 먼저 받습니다. 그 결과 아닥사스다 왕의 큰 도움을 받게 되었고, 또 1,754명이 무방비 상태로 귀환할 때 4개월이 걸렸으나 무사히 도착했습니다. 에스라에게는 하나님의 도우심은 절대적이었습니다. 하나님의 도우심을 받는 사람은 복된 사람입니다.

3. 개혁하는 에스라

에스라는 율법에 완전한 학사입니다. 그를 가리켜 개혁자의 모델이라고 합니다. 우리 그리스도인들은 계속적인 개혁과 갱신이 있어야 합니다. 외형적이며 제도적인 개혁보다는 내적이며 영적인 개혁이 선행되어야 합니다. 그러기 위해서는 말씀을 연구해야 합니다. 에스라가 바사왕의 포로상태에서도 성실히 왕을 섬기며 율법을 연구하여 율법에 익숙해질 때 하나님께서는 에스라로 하여금 이스라엘 민족의 귀환을 지도하게 하셨습니다. 이처럼 하나님께서는 성실히 준비하며, 겸손하게 자신의 직무에 충실한 자에게 큰일을 맡기십니다.

♥ 마 25:21에서, 어떤 사람이 큰일을 할 수 있는 사람이라고 말씀하고 있습니까?

_____

_____

우리는 성경공부에 열심히 있어야 합니다. 그리고 그 말씀을 준행해야 합니다. 말씀을 배우고 행하는 사람에게 하나님은 큰일을 맡겨주실 것입니다.

비교하기

《에스라와 나를 비교하여 본받을 점과 고칠 점을 기록해 봅시다》

```

```

실천하기

《오늘의 말씀을 생각하면서, 한 주간 동안 꼭 실천할 것을 기록해 봅시다》

점검하기

《한 주간, 나의 신앙생활을 점검해 봅시다》

① 하나님 앞에 온전한 예배를 드렸습니까?	예, 아니오
② 날마다 기도를 열심히 했습니까?	예, 아니오
③ 매일 성경을 읽었습니까?	예, 아니오
④ 지난 주 실천사항을 실천했습니까?	예, 아니오

기도하기

《구역식구들의 형편과 처지를 생각하며, 기도제목을 나누고 함께 기도합시다》

```

```

제38과
사랑의 선지자 호세아

성경본문 : 호 3:1-5
찬송 : 297, 381장

"여호와께서 처음 호세아에게 말씀하실 때 여호와께서 호세아에게 이르시되
너는 가서 음란한 여자를 맞이하여 음란한 자식들을 낳으라
이 나라가 여호와를 떠나 크게 음란함이니라 하시니
이에 그가 가서 디블라임의 딸 고멜을 맞이하였더니
고멜이 임신하여 아들을 낳으매" (호 1:2-3)

인물 탐구

호세아는 '여호와여 구원하소서'라는 뜻입니다. 잇사갈의 21
대손이며, 브에리의 아들입니다. 북왕국 이스라엘 출신으로 여로보암2세때
에 활동한 선지자입니다. 음녀 고멜의 남편으로 세 자녀 이스르엘, 로루하
마, 로암미를 두었습니다.

이스라엘을 향한 하나님의 애끓는 사랑을 자기 가정 안에서 몸소 실천
한 사랑과 연민이 넘치는 성품의 소유자이며, 거듭해서 배반한 음부 고멜
을 끝내 거부하지 않고 다시금 아내로 받아들인 인내와 긍휼이 충만한 자
입니다.

1. 역설적인 사랑

하나님의 사랑은 도저히 용납할 수 없는 사람을 용납하며, 도저히 사랑
할 수 없는 사람을 사랑하며, 도저히 이해할 수 없는 사람을 이해하시는

사랑입니다. 그러나 우리들은 사랑할 수 있는 사람만 사랑합니다. 우리는 나와 관계없는 사람들, 즉 이해관계가 서로 맞지 않는 사람들과는 용서를 못하고, 서로 이해하려 하지 않습니다.

호세아 선지자가 활동할 당시의 이스라엘의 왕은 아하스의 아들 여로보 암이었습니다. 정치적인 안정과 물질적인 풍요, 그리고 사회적인 번영을 이루었지만, 여로보암1세 때처럼 금송아지와 바알을 숭배하는 등의 엄청 난 영적 타락이 있었던 것입니다. 하나님께서는 바로 이러한 이스라엘의 상황을 음탕한 여인 고멜과 비교하고 있습니다.

하나님께서는 음란한 여인 고멜을 돌로 치지 않으시고 사랑하셨습니다. 그리고 죄 많은 우리들을 심판하지 않으시고 사랑하여 주셨습니다. 이것 이 바로 하나님의 사랑입니다.

♥ 훕 3:23-24을 읽고 기록해 봅시다.

----

2. 대가를 치르는 진짜 사랑

호세아 선지자는 자식까지 낳았음에도 또 음탕한 삶을 즐기기 위해 집 을 나간 고멜을 찾아오기 위해 큰 대가를 치러야 했습니다. 고멜을 데려 오는데, 그냥 데려온 것이 아닙니다. 대가를 지불하고 데려온 것입니다. 고멜은 호세아와 이미 결혼했으니 호세아의 부인입니다. 자기 부인을 데 려오는데 무슨 대가가 필요합니까? 오늘날 윤락가나 다방 같은 곳에 인신 매매로 팔려간 여인과 같은 신세였기 때문에, 그 대가를 치루어야만 그 구렁에서 빠져나올 수 있는 것입니다.

고멜은 쾌락의 노예가 되었던 것입니다. 자유한 것 같지만 그녀는 스스 로 그 자리에서 뛰어나올 힘이 없었습니다. 쾌락과 죄악에 발목이 잡힌 노예였습니다. 이렇게 노예 상태에 놓여있는 자를 풀어 데려오기 위해서는 값을 지불하지 않을 수 없었던 것입니다. 대가가 지불되지 않는 사랑은 가짜입니다. 희생이 없는 사랑은 진짜가 아닙니다.

♥ 롬 5:8은 무엇이라고 말씀하고 있습니까?

_____

_____

3. 영원히 함께하시는 사랑

진정한 사랑은 영원히 함께 있는 것입니다. 진정한 사랑은 함께 있어주는 것입니다. 같은 마음으로 함께 살아가는 것입니다. 사랑이라는 것은 함께 있는 것입니다. 혹시 육신적으로는 멀리 떨어져 있다 할지라도 마음은 언제나 늘 함께하는 것이 진짜 사랑 아니겠습니까?

♥ 대가를 치루고 구원을 받았으면 어떻게 해야 합니까?(호 3:3)

_____

_____

우리를 향하신 하나님의 사랑은 대가를 치루고 데려오는 것으로 끝나지 않으셨습니다. 죄와 사망의 구렁에서 구원하신 주님은 우리와 영원히 함께하심으로 당신의 사랑을 끝까지 베풀어주시기 원하셨던 것입니다. 그래서 우리들의 삶에 가장 큰 복은 하나님을 떠나지 않고 동행하는 것입니다.

비교하기

《호세아와 나를 비교하여 본받을 점과 고칠 점을 기록해 봅시다》

실천하기

《오늘의 말씀을 생각하면서, 한 주간 동안 꼭 실천할 것을 기록해 봅시다》

점검하기

《한 주간, 나의 신앙생활을 점검해 봅시다》

① 하나님 앞에 온전한 예배를 드렸습니까?	예, 아니오
② 날마다 기도를 열심히 했습니까?	예, 아니오
③ 매일 성경을 읽었습니까?	예, 아니오
④ 지난 주 실천사항을 실천했습니까?	예, 아니오

기도하기

《구역식구들의 형편과 처지를 생각하며, 기도제목을 나누고 함께 기도합시다》

제39과
성전 재건을 독려한 선지자 학개

성경본문 : 학 1:1-6
찬송 : 211, 600장

"여호와의 말씀이 선지자 학개에게 임하여 이르시되
이 성전이 황폐하였거늘
너희가 이 때에 판벽한 집에 거주하는 것이 옳으냐" (학 1:3-4)

인물 탐구

학개는 '축제, 즐거움'이라는 뜻입니다. 바벨론 포로생활 중 제사장 가문에서 출생한 것으로 생각되며, 스룹바벨을 중심으로 한 제1차 포로귀환 때 귀환하여 활동하였습니다.

사마리아인의 방해 공작과 귀환한 유대인의 내분으로 성전 재건작업이 마냥 지체되고 있을 때 분연히 일어나 성전건축이 하나님의 기뻐하시는 뜻임을 외치면서 성전 재건작업을 독려한 것으로 보아 결단력과 신앙적 열심이 있었습니다.

1. 실의에 빠진 이스라엘

학개가 예언활동을 할 때는 80세의 나이였습니다. 유다의 사회상과 정치적 상황은 암담했습니다. 성전공사는 중단되고 있었으며, 귀환동포들은 좌절과 실의에 빠져있을 때였습니다. 학개와 스가랴 선지자가 등장하여 실의에 빠진 유대인들에게 하나님의 성전을 완성하는 것이 하나님의 뜻임을 강력히 역설했습니다. 나이는 80세였지만 메시지는 강력했습니다. 제1

차 성전공사가 시작되었으나 사마리아 인들이 성전건축 공사에 참여하기를 거부당하자 앙심을 품고 바사 왕에게 예루살렘 반란을 꾀하기 위하여 성벽을 쌓는다고 거짓 진정을 하여 공사를 중단시켰습니다. 그리고 암몬 등 이웃 나라들이 끊임없이 반대공작을 폈습니다. 성전공사는 중단된 채 16년이 지속되었으며 유다에는 연이어 흉년이 계속되었습니다. 유대인들은 아직 성전을 건축할 시기가 아니라고 하며 변명만 했으나 학개는 성전 재건과 예배의 회복이 먼저 이루어져야 함을 말합니다. 성전은 하나님께서 자기 백성들과 함께함을 상징(하나님의 임재)하는 것이므로 성전이 황폐한 채 방치되는 것은 바로 하나님께서 유다를 떠난 것과 같습니다. 이 때 성전건축이야말로 하나님의 명령이요 뜻임을 전하고 이스라엘 사람들에게 용기를 준 이가 학개 선지자였습니다.

2. 성전재건을 격려한 학개

학개가 예언자로서의 활동을 할 때 유다총독으로 스룹바벨이 임명되었고 여호수아가 대제사장으로 있었습니다. 이들 지도자들은 강력한 사마리아인들의 조직적인 반대에 봉착하여 앞으로 나갈 용기를 잃고 유다재건과 성전건축 공사를 중단하게 되었습니다. 바벨론에서 돌아올 때의 그 희망과 감격, 그리고 재건의 꿈은 사라졌습니다.

♥ 이때 학개 선지자는 그들에게 어떻게 용기를 북돋우어 주었습니까?(학 2:4)

그의 모든 희망과 유다의 정신적 재기는 오직 성전건축에 있었습니다. 성전은 유다인 공동체의 구심점이 되어야 하며, 정신적 부흥을 일으키는 원동력이 되어야 하기 때문입니다. 성전공사가 중단된 것은 바사 정부의 간섭에 의함이라고 하지만, 실상은 그보다도 유다 백성 자신의 열성부족과 하나님께 대한 사랑이 뜨겁지 못했기 때문이라고 학개는 지적하였습니

다.

♥ 하나님의 교회에는 무엇으로 가득 차 있어야 합니까?

_____

_____

　새 성전의 규모는 솔로몬의 옛 성전과 비교가 되지 않았습니다. 공사하는 백성들도 실망했습니다. 그러나 학개는 비록 규모는 작고 찬란한 모습은 사라졌으나 여호와 하나님이 함께 계시고, 하나님의 영이 유다 가운데 머물러 있을 것이니 낙심하지 말라고 격려했습니다. 학개는 성전이 완성됨으로 유다에서 환난과 고난과 질고가 사라지고 물질적인 풍요를 누릴 것이라고 확신했습니다. 그는 성전의 영광과 현실적인 복, 더 나아가서 메시아의 통치로 인한 열방의 심판과 유다인의 승리를 우리들에게 보여 주고 있습니다.

비교하기

《학개와 나를 비교하여 본받을 점과 고칠 점을 기록해 봅시다》

```
┌─────────────────────────────────────────────┐
│                                             │
│                                             │
│                                             │
│                                             │
└─────────────────────────────────────────────┘
```

실천하기

《오늘의 말씀을 생각하면서, 한 주간 동안 꼭 실천할 것을 기록해 봅시다》

점검하기

《한 주간, 나의 신앙생활을 점검해 봅시다》

① 하나님 앞에 온전한 예배를 드렸습니까?	예, 아니오
② 날마다 기도를 열심히 했습니까?	예, 아니오
③ 매일 성경을 읽었습니까?	예, 아니오
④ 지난 주 실천사항을 실천했습니까?	예, 아니오

기도하기

《구역식구들의 형편과 처지를 생각하며, 기도제목을 나누고 함께 기도합시다》

```
┌─────────────────────────────────────────────┐
│                                             │
│                                             │
│                                             │
│                                             │
└─────────────────────────────────────────────┘
```

10월

죽기를 각오하고

제 40과
충직한 예언자 나단

성경본문 : 삼하 12:1-14
찬송 : 214, 274장

"그러한데 어찌하여 네가 여호와의 말씀을 업신여기고
나 보기에 악을 행하였느냐
네가 칼로 헷 사람 우리아를 치되 암몬 자손의 칼로 죽이고
그의 아내를 빼앗아 네 아내로 삼았도다" (삼하 12:9)

인물 탐구

나단은 '하나님이 주셨다'라는 뜻입니다. 다윗과 솔로몬시대의 선지자입니다. 다윗 왕의 궁중 고문이며, 아사리아와 사북의 아버지가 됩니다.

다윗의 음행과 우리아 살해를 과감히 지적하고 회개를 촉구할 정도로 대담한 사람이며, 또한 아도니야의 반역 음모를 간파하고 솔로몬의 왕위 계승을 위해 밧세바에게 계교를 베푼 것을 볼 때 지혜롭고 충성심이 강한 사람입니다.

1. 다윗 왕의 과실에 대한 비판

다윗 왕에게는 사람들에게 드러난 죄의 증거도 없었고, 게다가 다윗 왕은 하나님의 사랑을 많이 받아왔으며, 백성들이 칭송하고, 한 나라의 모든 통치권을 가지고 있는 왕이었습니다. 그에게 나아가서 죄를 지적한다는 것은 어쩌면 죽음도 각오해야 되는 상황이었습니다.

나단 선지자가 다윗을 책망하러 온 때는 다윗 왕이 우리아의 아내인 밧세바를 간음하고, 우리아가 전쟁터에서 죽었을 때 바로 찾아온 것이 아니라 10개월이 지난 다음에 찾아왔습니다. 이것은 다윗이 다윗 자신의 죄를 지적할 때 더 이상 변명할 수 없도록 하기 위해서입니다. 다윗과 밧세바 사이의 불의의 씨인 아이가 태어나서 나단 선지자가 죄악을 책망할 때 증거가 되기 때문입니다.

그는 부자가 가난한 자의 새끼 암양을 불의하게 취하였다는 간접 비유를 통해 우리아의 아내를 빼앗은 다윗의 죄를 은밀하게 책망하였습니다. 이런 면은 오늘날 우리 국가의 정치인들이나 공직자들이 그 자리를 이용하여 사리사욕을 채우는 행위에 대하여 반드시 깨닫고 반성해야 할 일들임을 알려줍니다.

♥ 나단 선지자가 다윗에게 비유를 든 말씀을 기록해 봅시다.

----

2. 성전건축에 대한 예언

다윗은 하나님의 법궤를 예루살렘으로 무사히 옮겨왔습니다. 다윗이 주변 국가를 점령하고 국권을 강력하게 다진 뒤에 나라가 안정되자 하나님의 전을 건축할 계획을 세웠습니다. 이에 나단은 하나님이 왕과 함께 계시니 무릇 마음에 있는 바를 행하라고 권합니다. 그러나 하나님은 나단에게 성전건축이 그렇게 다급하지 않으며, 아들 중 하나를 택해서 대업을 완수할 것을 왕께 전하도록 하셨습니다. 그러나 다윗은 직접 성전을 건축한 자나 다름없는 큰 복을 받았습니다. 이러한 하나님의 약속은 솔로몬 왕에 의해서 실제로 성취되었습니다.

♥ 다윗이 하나님의 전을 건축하지 못한 이유는 무엇입니까?

_____

_____

3. 다윗 왕조에 대한 복

사울 왕가의 파국과 다윗 왕가에 약속된 영원한 존속은 서로 강하게 대조를 이루고 있습니다. 하나님께서는 다윗왕조에 대해 예언하시기를, 다윗 왕조를 사울의 왕조와 같이 폐하지 않겠다고 하셨습니다. 다윗왕조의 영원한 존속에 대한 언약은 하나님의 크신 은혜에 기인한다고 볼 수 있습니다.

하나님께서는 나단 선지자의 예언을 통해 다윗의 혈통으로 메시아가 나실 것을 약속하셨습니다. 하나님의 약속대로 그리스도께서는 다윗의 가문에서 태어나셨으며, 다윗의 자손이라는 칭호를 받으셨습니다. 그리고 나단은 하나님의 명령에 따라 솔로몬에게 기름을 부어 왕이 되게 하였습니다.

♥ 마태복음의 그리스도의 족보를 알아봅시다.

_____

_____

비교하기

《나단과 나를 비교하여 본받을 점과 고칠 점을 기록해 봅시다》

실천하기

《오늘의 말씀을 생각하면서, 한 주간 동안 꼭 실천할 것을 기록해 봅시다》

점검하기

《한 주간, 나의 신앙생활을 점검해 봅시다》

① 하나님 앞에 온전한 예배를 드렸습니까?	예, 아니오
② 날마다 기도를 열심히 했습니까?	예, 아니오
③ 매일 성경을 읽었습니까?	예, 아니오
④ 지난 주 실천사항을 실천했습니까?	예, 아니오

기도하기

《구역식구들의 형편과 처지를 생각하며, 기도제목을 나누고 함께 기도합시다》

제41과
죽기를 각오한 에스더

성경본문 : 에 4:4-17
찬송 : 214, 323장

"당신은 가서 수산에 있는 유다인을 다 모으고 나를 위하여 금식하되
밤낮 삼 일을 먹지도 말고 마시지도 마소서
나도 나의 시녀와 더불어 이렇게 금식한 후에 규례를 어기고
왕에게 나아가리니 죽으면 죽으리이다 하니라" (에 4:16)

인물 탐구

에스더는 '별'을 뜻하는 바벨론식의 이름이며, 히브리 이름은 "하닷사"입니다. 바벨론에 포로로 잡혀간 베냐민 사람 아비하일의 딸이요, 삼촌 모르드개 밑에서 자라났습니다. 후에 바사 왕 아하수에로의 왕비가 되었습니다.

유대 백성을 구하기 위해 자신의 목숨을 걸고 왕 앞에 나아갈 용기 있고 동족애가 강하였으며, 왕에게 나아가 백성을 위해 진언하기 전에 백성에게 3일간 금식을 선포하고 자신도 그렇게 한 것으로 보아 하나님을 전적으로 의뢰한 신앙인입니다.

1. 왕후가 된 에스더

도성인 수산에 유다인 '모르드개'는 베냐민 자손이며, 기스의 증손으로 시므이의 손자요 야일의 아들이었습니다. 전에 바벨론 왕 느부갓네살이 예루살렘에서 유다 왕 여고냐와 백성들을 사로잡아갈 때에 함께 잡혀 왔

고, 그는 부모가 없고 용모가 곱고 아리따운 삼촌의 딸 에스더를 자기 딸 같이 양육하고 있었습니다(스 2:5-7).

전국에서 처녀들을 모아 후궁으로 들여 왕후를 뽑으려는 왕의 조서가 반포되어 에스더도 도성 수산에 이끌려 나아가 궁녀를 주관하는 내시 헤개의 수하에 속하게 되지만, 에스더는 모르드개가 고하지 말라는 명에 따라 자기의 민족과 종족을 고하지 아니합니다. 아하수에로 왕의 칠년 시월 (테벳 월)에 에스더가 왕궁에 들어가서 왕의 앞에 나아가자, 왕이 모든 여자보다 에스더를 더욱 사랑하고 그 머리에 면류관을 씌우고 왕후를 삼게 됩니다.

2. 유대인의 수난

그 후에 왕이 아각 사람 함므다다의 아들 "하만"의 지위를 높이 올려 모든 함께 있는 대신 위에 두고 왕의 명대로 하만에게 꿇어 절하게 하나, 모르드개가 꿇지도 아니하고 절하지도 아니하자 하만이 심히 노하여 모르드개가 유대인이라는 것을 알고는 모르드개만 죽이는 것이 경(輕)하다고 생각하고 온 나라의 유다 민족을 멸하려는 무서운 계획을 세웁니다.

♥ 하만이 유대민족을 멸하려는 이유가 무엇입니까?(에 3:5)

모르드개가 이 모든 일을 알고 왕후가 된 에스더에게 전했지만, 에스더는 왕의 부름을 받지 아니하고 왕에게 나아가면 죽이는 법 때문에 나갈 수 없다고 변명을 합니다.

♥ 이때 모르드개가 에스더에게 무슨 말을 했습니까?(스 4:13-14)

----

3. 죽으면 죽으리라

에스더는 유대 백성을 구해야 하는 막중한 사명을 띠고, 목숨을 건 진언을 하기 이전에 금식하며 하나님께 기도했습니다. 참으로 두려움이 그녀를 감쌀 때 전적으로 하나님 앞에 매어 달렸던 것입니다.

♥ 에스더는 어떤 각오로 왕에게로 나아갔습니까?(스 4:16)

_____

_____

에스더는 왕후라는 부와 권력을 지닌 자리에서도 자신의 안일만을 꾀하지 않고 위급함을 당한 민족을 생각하여 목숨을 아끼지 않는 사랑을 표현하였습니다. 이는 사리사욕을 위해 국가와 민족을 배신하는 풍조가 만연된 오늘날에 큰 귀감이 됩니다. 우리도 삶의 작은 부분에서부터 나만을 생각하는 이기적인 모습보다 나라와 민족을 사랑하는 삶의 모습이 나타나야 하겠습니다.

그러므로 우리는 죄악으로 패역한 사회를 보며 한탄할 것이 아니라 나하나라도 믿음이 있는 의인이 되기 위하여 믿음의 모습을 지켜 나가도록 힘써야 하겠습니다.

비교하기

《에스더와 나를 비교하여 본받을 점과 고칠 점을 기록해 봅시다》

실천하기

《오늘의 말씀을 생각하면서, 한 주간 동안 꼭 실천할 것을 기록해 봅시다》

점검하기

《한 주간, 나의 신앙생활을 점검해 봅시다》

① 하나님 앞에 온전한 예배를 드렸습니까?	예, 아니오
② 날마다 기도를 열심히 했습니까?	예, 아니오
③ 매일 성경을 읽었습니까?	예, 아니오
④ 지난 주 실천사항을 실천했습니까?	예, 아니오

기도하기

《구역식구들의 형편과 처지를 생각하며, 기도제목을 나누고 함께 기도합시다》

제42과
뜻을 정하여 산 다니엘

성경본문 : 단 1:8-12
찬송 : 323, 382장

"다니엘이 이 조서에 왕의 도장이 찍힌 것을 알고도
자기 집에 돌아가서는 윗방에 올라가 예루살렘으로 향한 창문을 열고
전에 하던 대로 하루 세 번씩 무릎을 꿇고 기도하며
그의 하나님께 감사하였더라" (단 6:10)

인물 탐구

다니엘은 '하나님은 나의 심판자'라는 뜻이며, 이스라엘 12지파 중 유다지파에 속한 왕족 출신입니다. 대선지자 중 한 사람으로서 바벨론의 1차 침략 때 하나냐, 미사엘, 아사랴와 함께 포로로 잡혀갔습니다.

어린 나이에도 불구하고 머리가 영특하여 느부갓네살 왕의 시종으로 선발되어 3년간 갈대아인의 학문과 방언을 배웠으나, 우상에게 바쳐진 왕이 진미를 거부한 점으로 볼 때 신실한 신앙인입니다. 뿐만 아니라, 임금의 명을 어긴 죄로 사자굴과 풀무불 속에 던짐을 받았으나, 주의 사자가 구원해 줌으로써 왕이 하나님께 찬송을 드렸습니다.

1. 깨끗하게 살기로 뜻을 정하였습니다.

다니엘은 포로 된 자로서 왕의 진미를 마음껏 먹을 수 있는 자리에 있게 되었습니다. 그러나 다니엘은 자신을 교육시키는 환관장에게 고기로 된 음식은 아무것도 먹지 아니하고 채소만 먹겠다고 합니다. 채식주의자

이기 때문이 아니라, 혹시라도 우상에게 드려졌던 음식이나 율법에 금한 고기가 있을 것을 우려하였으며, 또한 경건생활에 해롭다고 생각하였을 수도 있습니다.

다니엘은 어떠한 환경에서도 하나님을 따르기를 원하였고, 하나님의 백성으로서 자신의 몸을 더럽혀서는 안 되겠다는 생각을 하였다는 것입니다. 이처럼 오늘날의 성도들도 자신의 몸을 거룩히 구별해야 하는 바, 이는 성도의 몸이 그리스도께서 자신의 피를 흘려 사신 바 된 하나님의 전이기 때문입니다.

♥ 바울은 갈라디아 성도들에게 보내는 서신에서 육체 가운데 사는 더러운 마음을 가진 사람의 일에 대하여 어떻게 정의하고 있습니까?(갈 5:19-21)

_____

_____

2. 하나님만을 의지하면서 살기로 뜻을 정하였습니다.

환관장은 다니엘의 제안에 대하여 매우 걱정하였습니다. 왜냐하면 만일 그들의 혈색이 좋지 못하면 자신의 책임으로 돌아오기 때문입니다. 그러나 9절에 보니 하나님이 다니엘 때문에 환관장으로 하여금 은혜와 긍휼로 다니엘을 대하도록 하셨습니다. "너희들의 모습이 초췌하면 왕이 내 머리를 그냥 두지 않을 터인데 어떻게 하나?" 그때 다니엘은 그에게 하나의 제안을 합니다. 열흘만 시험하여 얼굴을 테스트해 보고 마음대로 결정하라는 것입니다.

젊은이들 중에는 자기의 지식과 능력과 힘을 과신하여 하나님보다는 자신을 믿고 자신의 주관대로 살아가는 사람들이 많습니다. 하나님을 믿으려면 내 주먹을 믿으라고 하나님을 조롱하는 사람도 있습니다. 가장 어리석은 자들입니다. 그러나 이러한 사람들은 하나님께서 기뻐하지 아니합니다. 이러한 자는 반드시 패망하고 맙니다.

우리의 자녀들도 어렸을 때부터 다윗과 같이 사무엘과 같이 다니엘과 같이 어려울 때마다 하나님을 의지하고 전진하는 젊은이들이 되어야 할 것입니다.

3. 어떠한 경우에도 기도하면서 살기로 뜻을 정하였습니다.

6장에 보면 다니엘이 하루에 세 번 예루살렘을 향하여 경건하게 기도하는 습관을 이용하여 적들이 다니엘을 죽일 계획을 세웁니다. 다니엘은 물론 적들의 계략을 알고 있었습니다. 그럼에도 불구하고 다니엘은 여전히 기도를 쉬지 아니하였습니다. 결국 그 일로 인하여 다니엘은 사자굴에 던짐을 받게 됩니다. 다니엘에게 있어서 기도는 이 세상의 어떠한 일보다 중요한 일이었고 생명과도 바꿀 수 없는 절대적인 것이었습니다.

♥ 다니엘이 하루에 세 번씩 무릎을 꿇고 무슨 기도를 드렸을까요?

_____

_____

아마도 이스라엘 나라의 회복일 것입니다. 결국 그러한 끊임없는 눈물의 기도가 있었기에 이스라엘 나라가 회복된 것입니다. 간절한 마음으로 자기의 믿음을 위하여, 가정을 위하여, 교회와 나라를 위하여 기도한다면 교회와 나라는 반드시 일어서게 될 것이고 부흥하게 될 것입니다.

비교하기

《다니엘과 나를 비교하여 본받을 점과 고칠 점을 기록해 봅시다》

실천하기

《오늘의 말씀을 생각하면서, 한 주간 동안 꼭 실천할 것을 기록해 봅시다》

점검하기

《한 주간, 나의 신앙생활을 점검해 봅시다》

① 하나님 앞에 온전한 예배를 드렸습니까?	예, 아니오
② 날마다 기도를 열심히 했습니까?	예, 아니오
③ 매일 성경을 읽었습니까?	예, 아니오
④ 지난 주 실천사항을 실천했습니까?	예, 아니오

기도하기

《구역식구들의 형편과 처지를 생각하며, 기도제목을 나누고 함께 기도합시다》

제43과
지도자들의 죄악을 경고한 미가

성경본문 : 미 6:1-16
찬송 : 280, 288장

"오직 나는 여호와의 영으로 말미암아 능력과 정의와 용기로 충만해져서
야곱의 허물과 이스라엘의 죄를 그들에게 보이리라" (미 3:8)

인물 탐구

미가는 '여호와와 같은 자 누구인가'라는 뜻입니다. 유다와
블레셋 가드 국경 사이의 시골 가드모레셋 출신으로서, 호세아, 아모스,
이사야와 동시대에 활동한 남 유다의 선지자입니다. 남 유다의 요담, 아하
스, 히스기야 왕 시대에 활동했으며, 소선지서 미가서의 저자입니다.

1. 도시 지도자들의 죄악

농촌출신 예언자인 미가의 눈으로 볼 때 예루살렘에 거하는 야곱의 두
령들과 이스라엘 족속의 치리자들은 선을 미워하고 악을 좋아하며, 공의
를 미워하고 정직을 굽게 하는 사람들이었습니다. 그들은 또한 일반 백성
들의 밭과 집들을 빼앗아 자기 것으로 만드는 일을 일삼았습니다. 전쟁을
피해 평안히 지나가는 자들의 겉옷을 벗겼으며, 부녀들과 어린 자녀들까
지도 집에서 쫓아내었습니다. 또한 그들은 하나님의 백성의 가죽을 벗기
고, 그 뼈에서 살을 뜯어 그들의 살을 먹으며, 그 가죽을 벗기며 그 뼈를
꺾어 다지기를 냄비와 솥 가운데 담은 고기처럼 하였습니다(미 3:1-3).

그들의 집에는 백성들에게서 빼앗은 불의의 재물들이 있었으며 그들의

탐욕을 상징하는 기구들, 곧 축소시킨 에바(뒷박), 부정한 저울, 거짓 저울추 등이 감추어져 있었습니다. 그들은 또한 침상에서 악을 꾀하고 간사를 경영하는 등의 향락생활에 흠뻑 젖어 있었습니다.

올바른 길을 가르쳐야 할 지도자들이 이처럼 화인 맞은 양심으로 백성들을 다스리면 하나님의 공의는 바로 설 수 없습니다.

♥ 이런 지도자들에게서 하나님의 뜻이 이루어지기를 기대하는 것은 마치 무엇과도 같습니까?(미 2:6-7)

----

2. 바른 삶의 길

미가는 하나님께서 도시 지도자들의 죄악을 그냥 두지 않으시고 그들의 죄악을 철저하게 심판하실 것이라고 예언하였습니다. 이스라엘이 자신의 지난 역사 속에 나타난 하나님의 구원 은총에 보답하기 위해서 해야 할 일은 숫양이나 풍성한 제물을 드리는 것이 아니었습니다. 그들의 허물이나 영혼의 죄를 위하여 몸의 열매, 곧 맏아들을 불태워 바치는 것은 더욱 아니었습니다. 첫째는 공의를 행하는 것입니다. 하나님께서 그들에게 주신 법을 지키며, 약하고 가난한 자들을 학대하지 않는 것입니다. 이것은 하나님께서 예언자 아모스를 통해 이스라엘 백성에게 그토록 강조하던 신앙 규범이었습니다. 둘째는 인자를 좋아하는 것, 즉 하나님께서 그들에게 보여 주신 계약적인 사랑을 좋아하고, 또 그것을 하나님과 이웃과의 사이에서 실천하는 것입니다. 그리고 셋째는 겸손히 하나님과 함께 행하는 것이었습니다. 겸손한 사람은 하나님의 인도하심을 의지하며 그의 계명을 지키려고 노력합니다. 겸손히 하나님과 동행하는 자라야 공의를 행하며 인자(사랑)를 좋아할 수 있습니다.

♥ 어떤 사람이 생명의 면류관을 받을 수 있습니까?(빌 2:12)

_____

_____

3. 메시아를 주시는 하나님

하나님은 그의 백성이 영원토록 멸망당하게 내버려두시지는 않으십니다. 미가는 이러한 사실을 남은 자와 메시아에 관한 예언을 통해 거듭 확인하고 있습니다. 또한 베들레헴의 에브라다 라는 시골에서 메시아가 나게 하실 것이며, 그는 이스라엘을 다스릴 다윗 자손의 왕이요 목자로서, 여호와의 능력과 그 이름의 위엄을 의지하고 서서 이스라엘을 먹일 것이며, 땅 끝까지 미치는 그의 통치권을 통해 세상에 평강을 가져다줄 것이라고 예언하였습니다. 하나님은 구원의 하나님이심을 백성들에게 확고히 전했습니다.

♥ 미가는 메시아의 오심을 어떻게 예언했습니까?(미 5:2-4)

_____

_____

비교하기

《미가와 나를 비교하여 본받을 점과 고칠 점을 기록해 봅시다》

실천하기

《오늘의 말씀을 생각하면서, 한 주간 동안 꼭 실천할 것을 기록해 봅시다》

점검하기

《한 주간, 나의 신앙생활을 점검해 봅시다》

① 하나님 앞에 온전한 예배를 드렸습니까?	예, 아니오
② 날마다 기도를 열심히 했습니까?	예, 아니오
③ 매일 성경을 읽었습니까?	예, 아니오
④ 지난 주 실천사항을 실천했습니까?	예, 아니오

기도하기

《구역식구들의 형편과 처지를 생각하며, 기도제목을 나누고 함께 기도합시다》

11월

기쁨과 희망으로

제44과
감성의 민족 지도자 느헤미야

성경본문 : 느 1:1-11
찬송 : 274, 312장

"이제 종이 주의 종들인 이스라엘 자손을 위하여 주야로 기도하오며
우리 이스라엘 자손이 주께 범죄한 죄들을 자복하오니
주는 귀를 기울이시며 눈을 여시사 종의 기도를 들으시옵소서
나와 내 아버지의 집이 범죄하여" (느 1:6)

인물 탐구

느헤미야의 이름은 '여호와의 위로'라는 의미입니다. 유다지 파 하가랴의 아들이요, 그의 동생은 예루살렘의 통치자가 된 하나니입니다. 아닥사스다 왕의 술관원을 지냈으며, 유다의 총독이며 예루살렘 성벽 재건의 지도자가 되었습니다.

그는 수산궁의 안락한 생활 중에 있으면서도 예루살렘의 형편을 듣고 슬퍼하며 금식한 것으로 보아 애국심이 강하며, 에스라로 하여금 율법을 낭독케 하여 이스라엘의 신앙을 회복시키고 개혁을 단행한 것으로 보아 영적인 지도력을 갖춘 지도자입니다.

1. 느헤미야는 민감했습니다.

왕의 술을 책임지고 있던 느헤미야는 왕의 궁전인 수산궁에 머물고 있었는데 그의 형제인 하나니가 유대로부터 도착을 했습니다. 느헤미야는 그에게 예루살렘과 그곳에 남아있는 동포들에 대한 소식을 물었습니다.

그런데 하나니의 대답은 매우 슬픈 소식이었습니다. 남아있는 동포들은 환난을 당하고 능욕을 당하며 예루살렘성은 훼파되고 성문은 불에 타버렸다는 것입니다.

이 말을 들은 느헤미야는 앉아서 울고 수일 동안 슬퍼하며 하나님 앞에서 금식하며 기도합니다. 그는 조국에 대한 소식을 듣는 것으로 그치지 않고 반응을 하고 있는 것입니다. 일의 시작은 반응에서 출발합니다. 조국의 소식을 들은 사람이 단지 느헤미야만은 아니었을 것입니다. 많은 이들이 들었을 것입니다. 그러나 여기에 민감하게 반응하는 사람은 느헤미야뿐이었습니다.

♥ 예수님께서는 무감각한 세대를 어떻게 표현하셨습니까?(마 11:17)

_____

_____

2. 느헤미야는 고민했습니다.

조국 이스라엘에 대한 소식을 듣기 전까지 느헤미야에게는 고민이 없었습니다. 비록 포로의 신분이기는 했으나 페르시아의 수산궁에서의 삶에 대하여 만족을 했을지도 모릅니다. 그러나 조국에 대한 소식을 접하고 훼파된 예루살렘 성에 대한 소식을 듣고 느헤미야의 안색이 변하기 시작했습니다. 수심이 그의 얼굴에까지 나타나기 시작했습니다.

♥ 아닥사스다 왕이 느헤미야에게 무엇이라 하였습니까?(느 2:2)

_____

_____

♥ 예수님에게도 고민이 있었습니다. 어떤 고민인지 알아봅시다(마 26:38).

_____

_____

여러분은 오늘 무슨 고민을 하십니까? 무엇을 먹을까? 무엇을 마실까?

결혼에 대한 고민입니까? 아니면 내 장래에 대한 고민입니까? 고민을 하되 어떤 고민을 하느냐 하는 것입니다. 느헤미야는 자신의 조국에 대한 고민에 얼굴에 수심이 가득했습니다. 바울은 구원받지 못한 친척을 위한 고민이 그칠 줄을 몰랐습니다. 조국에 대한 고민이 있습니까? 구령에 대한 고민이 있습니까? 속이 상해본 적이 있습니까? 우리의 고민은 차원이 달라야 합니다.

3. 느헤미야는 기도했습니다.

느헤미야는 기도합니다. 가슴이 찢어지는 아픔을 안고 떨며 황폐한 예루살렘성과 그 성에서 고생하며 고통당하는 이웃들을 바라보면서 무릎을 꿇고 기도합니다. 그리고 자신의 민족이 당하고 있는 이 고통을 하나님 앞에서 자신들이 신실하게 살지 못했기 때문이라는 진단을 내리고, 왕의 마음을 움직여 주시기를 기도합니다.

하나님께서는 느헤미야의 믿음을 귀하게 보시고 왕의 마음을 움직이도록 하셨습니다. 왕은 느헤미야가 원하는 휴가를 허락했을 뿐만 아니라 성문과 집을 재건하는데 필요한 목재까지 주었습니다. 느헤미야의 기도와 눈물은 헛되지 않았습니다.

♥ 느헤미야가 하나님께 드린 기도는 무엇입니까?(느 1:11)

_____

_____

비교하기

《느헤미야와 나를 비교하여 본받을 점과 고칠 점을 기록해 봅시다》

실천하기

《오늘의 말씀을 생각하면서, 한 주간 동안 꼭 실천할 것을 기록해 봅시다》

점검하기

《한 주간, 나의 신앙생활을 점검해 봅시다》

① 하나님 앞에 온전한 예배를 드렸습니까?	예, 아니오
② 날마다 기도를 열심히 했습니까?	예, 아니오
③ 매일 성경을 읽었습니까?	예, 아니오
④ 지난 주 실천사항을 실천했습니까?	예, 아니오

기도하기

《구역식구들의 형편과 처지를 생각하며, 기도제목을 나누고 함께 기도합시다》

제45과
희망의 선지자 이사야

성경본문 : 사 6:6-13
찬송 : 495, 499장

"내가 또 주의 목소리를 들으니 주께서 이르시되
내가 누구를 보내며 누가 우리를 위하여 갈꼬 하시니 그 때에 내가 이르되
내가 여기 있나이다 나를 보내소서 하였더니" (사 6:8)

인물 탐구

이사야의 이름은 '여호와는 구원이시다'라는 뜻입니다. B.C.7
60년경 예루살렘에서 출생했을 것으로 추정되며, 아모스의 아들이요 여선
지인 아내와 두 아들 스알야숩과 마헬살랄하스바스가 있습니다.

그는 예루살렘을 중심으로 웃시야, 요담, 아하스, 히스기야, 므낫세 시
대에 예언활동을 하다가, 므낫세의 치세 기간 중 톱으로 몸이 둘로 잘리
어 순교 당하였다고 전해집니다.

왕의 정책이 하나님의 뜻에 맞지 않는 경우에는 막강한 권력 앞에서도
꿋꿋하게 자신의 주장을 외치는 올곧은 성품의 소유자이며, 하나님께 대
한 무한한 경외심과 신뢰를 가졌던 불굴의 믿음의 소유자였습니다.

1. 기대가 무너진 이사야

웃시야 왕은 하나님 보시기에 선정을 베풂므로 백성들에게 사랑과 존경
을 받았습니다. 블레셋, 암몬을 공격하여 영토를 넓혔고, 망대를 세우고

우물을 파서 국가를 번영케 했습니다. 이사야는 귀족 출신이기에 궁전을 마음대로 출입할 수 있는 신분입니다. 그는 왕에게서 희망을 보았습니다. 왕궁은 그에게 늘 즐거움이었고 풍요로움이었습니다. 한창 국가가 강성해지고 있었기에, 왕궁에 앉아있으면 군대들이 오가고, 승천소식이 들어오고, 뒤를 이어서 조공의 행렬이 들어옵니다. 좋은 시절에 태어난 이사야는 풍요로움을 마음껏 누렸고 걱정 없는 세월을 살았습니다. 그의 희망은 웃시야였고, 부강하는 왕궁에서도 희망은 얼마든지 찾을 수 있었습니다.

2. 하나님을 찾는 사람

사람들은 기대가 어그러지면 낙심하며 절망합니다. 세속주의에 빠지거나 신비주의로 기울어지거나 아니면 자포자기 하게 됩니다. 웃시야 왕의 죽음으로 왕에 대한 개인적인 아쉬움과 앞날에 대한 절망이 이사야에게 다가왔습니다. 그러나 이사야는 성전을 찾았습니다. 사람과 세상이 더 이상 희망이 될 수 없음을 알았습니다. 이제 더 이상 사람을 숭배하거나 국가의 번영에 마음을 두지 않기로 작정했습니다. 그는 성전에서 거룩하신 하나님을 만나게 되었습니다.

♥ 세상에 소망이 없을 때, 우리는 누구를 바라보아야 합니까?(히 12:1-2)

_____

_____

세상의 왕은 언제 죄를 지을 지, 실망을 줄지 모릅니다. 그러나 하나님은 거룩하신 분이십니다. 비록 웃시야 왕은 죽고 나라가 흔들리고, 외세의 침략이 다가오고 있지만, 하나님의 나라는 하나님이 주관하심을 깨닫고, 오로지 하나님을 만나고 하나님을 바로 신뢰하며 살아야함을 우리에게 말씀해 주십니다.

3. 그루터기의 희망

하나님은 이사야의 심정을 알았던 것 같습니다. 아벨이 가인에게 죽임을 당해 하나님의 의로움은 끝난 것 같았지만, 아벨의 그루터기에서 셋이 나왔고 경건한 일가족을 이루었습니다. 대홍수에서 노아를 남겨주셨고 노아를 통해 경건한 계보를 이루게 했습니다. 엘리야 시대에는 바알에게 무릎을 꿇지 않은 7천명을 남겨주셨고, 그들로 새 역사를 이루게 하셨습니다. 이제 이스라엘의 황폐 가운데서도 그루터기와 같은 사람들을 남겨주시고, 그들로 이스라엘은 다시 일어선다는 희망의 말씀을 이사야에게 주셨습니다.

북방 이스라엘은 앗수르에게 망하고 남방 유다는 바벨론에게 망할 것입니다. 사람들은 찌꺼기밖에 남지 않을 것입니다. 외국에 끌려간 포로들은 비참하게 될 것입니다. 가옥은 황폐하고 사람들은 10분의 9가 죽임을 당합니다. 남아있는 자들도 국가 재건에 아무런 힘도 쓸 수 없는 약자들입니다. 그러나 나무 둥지가 잘려도 그루터기는 있습니다. 그루터기가 남아있으면 소망이 있습니다. 보잘것없는 그루터기에서 싹이 나고 가지들이 뻗어나고 열매를 맺으며, 벌거숭이 산은 푸른 산이 될 것입니다.

♥ 이사야 선지자는 작은 희망을 어떻게 노래하고 있습니까?(사 60:22)

_____

_____

비교하기

《이사야와 나를 비교하여 본받을 점과 고칠 점을 기록해 봅시다》

실천하기

《오늘의 말씀을 생각하면서, 한 주간 동안 꼭 실천할 것을 기록해 봅시다》

점검하기

《한 주간, 나의 신앙생활을 점검해 봅시다》

① 하나님 앞에 온전한 예배를 드렸습니까?	예, 아니오
② 날마다 기도를 열심히 했습니까?	예, 아니오
③ 매일 성경을 읽었습니까?	예, 아니오
④ 지난 주 실천사항을 실천했습니까?	예, 아니오

기도하기

《구역식구들의 형편과 처지를 생각하며, 기도제목을 나누고 함께 기도합시다》

제 46과
환상과 소망의 선지자 에스겔

성경본문 : 겔 37:1-14
찬송 : 182, 436장

"그가 내게 이르시되 인자야 이 뼈들이 능히 살 수 있겠느냐 하시기로
내가 대답하되 주 여호와여 주께서 아시나이다"(겔 37:3)

인물 탐구

에스겔은 '하나님께서 강하게 하신다, 하나님은 강하시다'라는
뜻입니다. 사독 계열의 제사장 부시의 아들이며 포로시대 바벨론에서 활동
한 제사장 출신의 예언자입니다. 환상을 많이 보았으며, 이스라엘의 회복을
예언한 환상과 소망의 선지자로 불렸습니다.

바벨론의 2차 침입 시 그발 강가의 델아빕을 중심으로 22년간 예언활동
을 하였습니다. 보통 사람의 상식으로는 이해될 수 없는 행동, 즉 쇠똥으로
구운 떡을 먹는다든지, 아내의 죽음을 애도하지 않는 것과 같은 특이한 명
령도 이행할 정도로 철저한 순종의 신앙인이었습니다.

1. 마른 뼈에 대한 환상

하나님은 에스겔을 통하여 유다의 포로들에게 앞으로 일어날 나쁜 일들
에 관해 경고했지만, 또한 포로들에게 다가올 좋은 일들에 관해 많이 보
여 주셨습니다. 어느 날 에스겔은 환상을 보았습니다. 그때 그는 어떤 골
짜기에 있었는데, 주위에는 사람의 마른 뼈들이 가득 차 있었습니다. 하나
님은 에스겔에게 말씀을 전하라고 하셨습니다. 에스겔이 하나님의 말씀을

전하자마자 뼈들이 맞부딪치는 소리가 들렸습니다. 곧 그 뼈들이 움직이더니 서로를 향해 맞춰졌고, 그것에 근육과 살이 차 오르기 시작했습니다. 그러더니 그 위에 살가죽이 덮였습니다. 시끄러운 소리가 멈추고, 에스겔은 주위에 숨을 쉬지 않고 누워 있는 사람의 형상들을 보았습니다.

♥ 오늘 말씀에서 하나님이 에스겔에게 하신 약속의 말씀은 무엇입니까?

_____

_____

2. 마른 뼈의 의미

마른 뼈들은 하나님을 떠남으로서 영적 생명력을 잃어버린 당시의 이스라엘 백성들을 의미하고 있습니다. 약속의 땅, 젖과 꿀이 흐르는 이스라엘을 떠나 바벨론에 포로로 잡혀간 이스라엘 백성들은 영적으로 완전히 죽은 백성들이었습니다. 즉 마른 뼈와 같은 존재였습니다.

하나님은 에스겔 선지자에게 "이 뼈들이 능히 살겠느냐"고 하셨습니다. 죽어서 메말라 있는 뼈들이 다시 살아난다는 것은 인간의 생각과 지식이나 의학으로는 도저히 불가능한 것입니다. 죽은 뼈들이 살아날 수 있도록 하시는 분은 오직 하나님의 능력입니다.

하나님을 믿는 신앙의 신비와 성령의 역사를 소홀히 하는 현대인들은 에스겔 골짜기의 마른 뼈들처럼 그 능력을 상실한, 생명력을 잃어가고 있는 사람들입니다. 하나님을 떠난 인생들은 마른 뼈와 같은 인생입니다.

3. 마른 뼈가 살아나려면

♥ 어떻게 마른 뼈들이 살아나게 되었습니까?(겔 37:4)

_____

_____

마른 뼈가 살아날 수 있는 길은 여호와의 말씀을 들을 때입니다. 하나님의 역사는 하나님의 말씀을 듣는 데 있습니다. 믿음은 들음에서 난다고 했습니다. 에스겔 선지자가 하나님의 말씀을 선포할 때에 말씀을 듣는 뼈들이 움직여서 들어맞고 힘줄이 생기고 살이 돋고 가죽이 덮이는 역사가 일어났습니다. 하나님의 말씀이 역사하는 곳에는 죽은 심령도 살아나는 것입니다. 또한 생기 곧 성령을 받지 못한 뼈들은 아직 생명이 없습니다. 뼈들이 살았지만 생동감을 가지기 위해서는 육이 아닌 영이 필요합니다. 그것이 하나님이 불어넣으시는 생기입니다.

성령님이 없어도 어느 정도 선하고 착한 모습으로 일할 수 있습니다. 그러나 성령님의 역사가 없으므로 죽은 것이나 다름없습니다. 그것은 거기에 생기가 없기 때문입니다. 성령님이 역사하는 곳에는 생명의 역사가 나타나고 그 생명은 영원한 생명(영생)입니다.

우리들도 죽은 뼈들이 되지 말고 생기가 들어있는 살아있는 뼈들이 되어 복음을 전하는 성령으로 충만한 성도들이 다 되어야 하겠습니다.

비교하기

《에스겔과 나를 비교하여 본받을 점과 고칠 점을 기록해 봅시다》

실천하기

《오늘의 말씀을 생각하면서, 한 주간 동안 꼭 실천할 것을 기록해 봅시다》

점검하기

《한 주간, 나의 신앙생활을 점검해 봅시다》

① 하나님 앞에 온전한 예배를 드렸습니까?	예, 아니오
② 날마다 기도를 열심히 했습니까?	예, 아니오
③ 매일 성경을 읽었습니까?	예, 아니오
④ 지난 주 실천사항을 실천했습니까?	예, 아니오

기도하기

《구역식구들의 형편과 처지를 생각하며, 기도제목을 나누고 함께 기도합시다》

제 47 과
니느웨를 위해 택함 받은 요나

성경본문 : 욘 3:1-6
찬송 : 278, 279장

"그들이 서로 이르되, 자 우리가 제비를 뽑아 이 재앙이 누구로 말미암아
우리에게 임하였나 알아보자 하고 곧 제비를 뽑으니
제비가 요나에게 뽑힌지라" (욘 1:7)

인물 탐구

요나는 '비둘기'라는 뜻으로, 갈릴리의 한 마을 가드헤벨 사람 아밋대의 아들이요, 12소선지 중에 한 사람으로 아모스 이전 여로보암 2세 때 활동하였습니다.

이방인 성읍 니느웨에 복음 전하는 것을 못마땅하게 생각했을 뿐만 아니라, 니느웨 사람들이 회개함으로 구원 얻는 것을 크게 원망할 정도로 편협하고 배타적인 선민사상을 지닌 사람이지만, 자기 죄의 대가가 죽음임을 알면서도 니느웨 백성들이 구원받는 것을 원치 않은 것으로 보아 솔직한 사람입니다.

1. 불순종한 요나

요나에게 앗수르의 큰 도시 니느웨로 가서 그들의 죄악이 하늘에 사무쳤다고 외치라는 여호와의 명령이 임하였습니다. 그런데 요나는 그 정반대 방향인 다시스로 도망을 합니다. 앗수르는 이스라엘 민족의 적국으로서, 요나가 생각하기에는 그곳 사람들이 죄를 짓고 살아서 하나님의 심판

을 받는 것은 오히려 당연한 것이었습니다. 그래서 요나는 그들이 구원받는 것이 못마땅해서 다른 곳으로 도망 가버린 것입니다. 이렇게 택함 받은 백성이라는 의식과 자만에 빠진 요나와는 달리, 하나님은 이방 나라가 비록 원수의 나라일지라도 생명에 이르는 회개할 수 있는 기회를 주신다는 사실을 요나는 잊고 있었습니다.

♥ 회개하지 않으면 무엇으로도 하나님의 백성이 되게 하십니까?(눅 3:8)

_____

_____

2. 기도하는 요나

여호와께서 큰 물고기를 예비하여 죄의 값으로 바다에 던져진 요나를 삼키게 하시므로 그 고기 뱃속에서 하나님을 향하는 새로운 삶의 자세를 갖기 시작했습니다. 요나는 자기가 바다에 던져진 것이 하나님께서 하신 것으로 알았습니다. 파도와 큰 물결이 내게 덮쳐 오는 것도 하나님이 허락하신 것으로 믿었습니다. 요나는 모든 것이 주께로부터 왔다는 것을 깨달았습니다. 이 사실을 깨달았을 때에 환난을 주신 하나님을 원망하지 않고 오히려 하나님께 더욱 매달리어 기도하였습니다.

요나가 고난을 인하여 기도하였기에 부르짖지 않으면 안 되는 기도였습니다. 뜨거운 소원을 갖고 간구하게 된 것입니다. 지금도 요나처럼 어려움을 당하지 않고는, 큰 풍랑을 당하지 않고는, 파도를 만나지 않고는 기도를 배우지 못하는 사람들이 너무도 많습니다.

♥ 요나는 기도하면서 어떤 결심을 하게 되었습니까?(욘 2:4)

_____

_____

3. 순종하는 요나

고기 뱃속에서 살아난 요나에게 두 번째 하나님의 말씀이 임하게 됩니다. "사십 일이 지나면 니느웨가 무너진다"는 하나님의 말씀을 전하면서 아직도 진정 니느웨가 구원받기를 바라는 마음이 없었습니다. 사십 일이 지나면 멸망할 니느웨 성을 보려고 성 밖에 초막을 짓고 기다렸습니다. 그러나 니느웨에는 요나가 전한 말씀이 살아 움직여 회개의 역사가 일어났습니다. 그리고 하나님의 용서가 임하였습니다.

이방 땅이 회개하고 하나님의 용서가 임하는 것을 싫어하는 요나를 향하여 하나님은 박넝쿨을 준비하셔서 은혜로우시며 자비로우시며 노하기를 더디 하시며 인애가 크신 무한한 사랑을 가르쳐 주셨습니다. 하나님께서는 요나에게 박넝쿨을 주신 후에 그것을 다시금 거두어 가셨습니다. 이는 요나로 하여금 하나님의 참뜻을 깨닫게 하시기 위함이었는데, 요나는 그저 불평만 하였습니다(욘 4:6-11). 그러므로 오늘날의 성도가 이러한 경우, 즉 자기가 누렸던 복이 없어져 버렸을 때에 하나님께서 주신 복을 다시 거둬 가신 이유가 무엇인가를 발견하고 그것을 하나님 앞에 내어놓고 자복해야 합니다.

♥ 우리는 하나님께 책망을 들을 때 어떤 태도를 가져야 할까요?(히 12:5-6)

_____

_____

비교하기

《요나와 나를 비교하여 본받을 점과 고칠 점을 기록해 봅시다》

```
┌─────────────────────────────────────────────────┐
│                                                 │
│                                                 │
│                                                 │
│                                                 │
│                                                 │
│                                                 │
└─────────────────────────────────────────────────┘
```

실천하기

《오늘의 말씀을 생각하면서, 한 주간 동안 꼭 실천할 것을 기록해 봅시다》

점검하기

《한 주간, 나의 신앙생활을 점검해 봅시다》

① 하나님 앞에 온전한 예배를 드렸습니까?	예, 아니오
② 날마다 기도를 열심히 했습니까?	예, 아니오
③ 매일 성경을 읽었습니까?	예, 아니오
④ 지난 주 실천사항을 실천했습니까?	예, 아니오

기도하기

《구역식구들의 형편과 처지를 생각하며, 기도제목을 나누고 함께 기도합시다》

```
┌─────────────────────────────────────────────────┐
│                                                 │
│                                                 │
│                                                 │
│                                                 │
│                                                 │
│                                                 │
└─────────────────────────────────────────────────┘
```

제48과
참 기쁨을 찾는 선지자 하박국

성경본문 : 합 3:1-19
찬송 : 40, 310장

"비록 무화과나무가 무성하지 못하며 포도나무에 열매가 없으며
감람나무에 소출이 없으며 밭에 먹을 것이 없으며 우리에 양이 없으며
외양간에 소가 없을지라도 나는 여호와로 말미암아 즐거워하며
나의 구원의 하나님으로 말미암아 기뻐하리로다" (합 3:17-18)

인물 탐구

하박국은 '껴안은 자, 매달리는 자'라는 뜻이며, 레위지파 출신의 제사장 또는 성가대원으로 추정됩니다. 남 유다의 선지자이며 하박국서 저자입니다.

자기 백성의 죄악 됨을 보고 징계를 통해서라도 하나님께 돌아올 수 있기를 바라는 만큼 진정한 애국자이며, 이해할 수 없는 신앙문제로 혼자 고민하지 않고 그 문제점을 하나님께 아뢰고 해답을 찾고자 한 것을 볼 때 용기 있고 지혜로운 사람입니다.

1. 믿음으로 생활하라

믿음이란 하나님께 나의 전 생애를 맡기는 것입니다. 어떠한 경우에도 하나님이 살아계심을 확신하며 신뢰하는 것이고, 주신 사명을 충성스럽게 감당하는 것이라 할 수 있습니다. 그 믿음이야말로 우리를 숭고한 삶으로 이끌어 주고 진정으로 기뻐하고 즐겁게 살아갈 수 있게 합니다.

법은 땅에 떨어지고 정의는 무너지고 못된 자들이 착한 사람을 등쳐먹는 세상, 정의가 짓밟히는 세상이 되었는데, 하나님은 왜 도처에 횡행하는 악에 대하여 묵인하고 계시느냐고 하나님께 피 끓는 호소를 하고 있습니다. 그때에 하나님께서 하박국에게 깨우쳐 주신 말씀은 의인은 오직 믿음으로 말미암아 의롭게 된다는 진리였습니다. 우리도 각자의 삶속에서 이같은 신앙고백이 항상 있어야 할 것입니다.

♥ 의인은 무엇으로 산다고 하였습니까?(합 2:4)

_____

_____

2. 즐겁게 생활하라

기뻐하고 즐거워하며 살아가는 것은 그리스도를 주님으로 영접한 성도의 모습입니다. 성도라면 오직 미래를 향한 희망과 천국의 소망 속에서 기쁨과 즐거움이 넘치는 삶을 살아가야 합니다.

♥ 이 법칙을 알았던 다윗은 시편 63:7에 무엇이라고 노래했습니까?

_____

_____

하박국은 바벨론 군대의 침략으로 예루살렘 성전은 파괴되고 백성은 노예로 끌려가고 나라는 온통 폐허가 되어도 하나님의 크신 은혜를 인하여 기뻐하고 즐거워했습니다. 즐거움은 여유 있는 자만이 가질 수 있는 만족감입니다. 자기 생애에 즐거움이 없다는 것은 무엇인가 부족하기 때문입니다. 무화과나무가 무성치 아니하고 포도나무에 열매가 없으며, 감람나무에 소출이 없고 밭에 곡식이 없으며, 우리에 양이 없고 외양간에 소가 없어도 하나님만을 바라보는 믿음, 하나님만을 바라보고, 믿고 의지하고 따라가면 즐겁고 기뻐하는 삶을 살 수 있습니다.

믿음으로 사는 사람들에게는 믿음으로 얻는 영적 부요가 넘쳐납니다.

모든 일에 즐거워하고 언제나 긍정적이며 항상 삶이 소망으로 넘칩니다. 그래서 눈에 보이는 것이 없어도 감사하고, 손에 잡히는 것이 없어도 기뻐하고, 아무것도 가진 것이 없어도 즐거워합니다.

3. 높은 곳을 향해서 생활하라

본문 19절에, "주 여호와는 나의 힘이시라 나의 발을 사슴과 같게 하사 나를 나의 높은 곳으로 다니게 하시리로다"라고 노래하고 있습니다. 사슴은 발에 힘이 있어 높고 험한 곳, 산일지라도 빨리 올라갈 수 있습니다. 이것은 이스라엘이 전쟁에서 짓밟히는 것 같아도 결국은 승리할 것이고 궁극적으로 높은 곳, 새 하늘과 새 땅에 거할 백성임을 가르쳐주고 있습니다.

♥ 사 40:31에 하나님을 의지하는 자는 어떻다고 했습니까?

_____

_____

이와 같이 우리도 성령의 능력을 힘입어 우리의 신앙이 올라가면 예수님의 빛을 볼 수 있고, 세상의 육신의 정욕, 안목의 정욕, 이생의 자랑에 얽매이지 않고 살아가게 되는 것입니다.

비교하기

《하박국과 나를 비교하여 본받을 점과 고칠 점을 기록해 봅시다》

실천하기

《오늘의 말씀을 생각하면서, 한 주간 동안 꼭 실천할 것을 기록해 봅시다》

점검하기

《한 주간, 나의 신앙생활을 점검해 봅시다》

① 하나님 앞에 온전한 예배를 드렸습니까?	예, 아니오
② 날마다 기도를 열심히 했습니까?	예, 아니오
③ 매일 성경을 읽었습니까?	예, 아니오
④ 지난 주 실천사항을 실천했습니까?	예, 아니오

기도하기

《구역식구들의 형편과 처지를 생각하며, 기도제목을 나누고 함께 기도합시다》

12월

복음을 선포하라

제49과
눈물의 선지자 예레미야

성경본문 : 렘 4:19-22
찬송 : 275, 278장

"보라 내가 오늘 너를 여러 나라와 여러 왕국 위에 세워
네가 그것들을 뽑고 파괴하며 파멸하고 넘어뜨리며
건설하고 심게 하였느니라 하시니라" (렘 1:10)

인물 탐구

예레미야는 '여호와께서 세우시다'라는 뜻을 가지고 있습니다. 제사장 아비아달의 후손으로 추정되며 제사장 힐기야의 아들로 베냐민 땅 아나돗에서 출생했습니다. 남 유다 요시야 왕 때부터 예루살렘 멸망 이후 유다의 남은 백성들이 애굽에 이주하여 정착할 때까지 약 50여년 동안 활동을 했습니다.

선민 이스라엘의 구원을 위해 많은 눈물을 흘리며 기도한 까닭에 소위 "눈물의 선지자"라고 불리며 유대 전승에 의하면 평생 독신으로 살다가 말년에 애굽에 끌려가 돌에 맞아 순교했다고 합니다.

1. 명백한 사명

하나님의 사람이란 하나님께서 직접 보내신 것입니다. 누구든지 하나님이 보내셨다는 명백한 자각이 없으면 복음을 담대히 전할 수 없습니다. 예레미야는 원래 성품이 소심하고 예민한 사람이지만, 그 성질과는 전혀 다르게 타락한 종교와 정치사회를 향하여 하나님의 심판을 준엄하게 전하

였습니다.

예레미야 당시에도 타락한 교역자들이 많이 있었습니다. 저들은 우선 하나님께서 보내시지 않은 자, 즉 사명이 없는 자들을 의미합니다(렘 23:32). 만일 명백한 사명의 자각이 없이 교역한다면 이는 품꾼이요, 직업적 전도자이며, 발람의 길을 가는 자일 뿐입니다. 우리는 회개의 도리를 철저히 전해야 할 것이며, 지옥의 심판을 분명히 말할 수 있어야 합니다.

♥ 당시의 전도자(교역자)들이 어떻게 외쳤습니까?(렘 8:11)

_____

_____

2. 눈물의 사람

구약에 있어, 제일 예수 그리스도와 닮은 인물은 예레미야입니다. 저는 과연 정적(靜的)인 인물로, 항상 의분해서 원통해 하였습니다. 그리스도 예수께서 슬퍼하셨음도 역시 정적(靜的)인 인물이었던 까닭입니다. 이스라엘 백성이 오직 여호와를 의뢰하지 아니하고 외국을 의뢰하며, 모든 수림(樹林) 사이에서 우상을 섬기는 그 형편은 얼마나 선지자의 가슴을 태웠겠습니까? 미구에 바벨론 대군의 약탈로 말미암아 성전의 무너짐과 자녀의 죽임과 전답의 황폐를 생각하니 참으로 마음 아프고 눈물이 아니 날 수가 없었습니다. 예레미야는 이스라엘을 딸로 표현하면서 애통해 하였습니다. 우리에게도 지옥을 향하여 달려가는 영혼들을 보며 가슴 아파 애통하는 눈물이 있어야 하겠습니다.

♥ 다음 성경을 찾아 읽어봅시다(렘 9:1).

_____

_____

3. 말씀을 묵상하는 사람

성도가 성경을 모르는 것이 수치이지, 세상의 철학이나 과학 등을 잘 모르는 것은 큰 수치가 아닙니다. 가령 의사가 되었으면 의학을 모르는 것이 큰 수치이며 변호사가 되었으면 법학을 잘 모르는 것이 큰 수치일 것입니다.

예레미야의 속에 있는 하나님의 말씀은 곧 불이 되었습니다(렘 5:14). 하나님께서는 성경에 정통한 사람을 반드시 들어 쓰십니다.

♥ 성경은 우리에게 왜, 어떻게 유익합니까?(딤후 3:16)

_____

_____

성경은 무궁한 생명수요, 인간의 학문은 다 나일강물과 같은 것입니다. 그러므로 우리는 예레미야에게 있었던 투철한 사명과 동족의 운명을 위하여 흘린 눈물과 성령세례와 말씀의 충만함을 가지고 다시금 하나님께로 돌아오도록 눈물로 하나님의 말씀을 전해야 하겠습니다.

비교하기

《예레미야와 나를 비교하여 본받을 점과 고칠 점을 기록해 봅시다》

실천하기

《오늘의 말씀을 생각하면서, 한 주간 동안 꼭 실천할 것을 기록해 봅시다》

점검하기

《한 주간, 나의 신앙생활을 점검해 봅시다》

① 하나님 앞에 온전한 예배를 드렸습니까?	예, 아니오
② 날마다 기도를 열심히 했습니까?	예, 아니오
③ 매일 성경을 읽었습니까?	예, 아니오
④ 지난 주 실천사항을 실천했습니까?	예, 아니오

기도하기

《구역식구들의 형편과 처지를 생각하며, 기도제목을 나누고 함께 기도합시다》

제50과
공의를 선포한 선지자 아모스

성경본문 : 암 5:21-27
찬송 : 280, 282장

"오직 정의를 물같이,
공의를 마르지 않는 강같이 흐르게 할지어다" (암 5:24)

인물 탐구

아모스는 '무거운 짐진 자'라는 뜻이며, 베들레헴 남쪽에 위치한 드고아 출신의 목동입니다. 여로보암 2세 때 북이스라엘에서 활동한 호세아와 동시대의 선지자입니다.

드고아에서 양을 치던 도중 하나님의 부름을 받은 것으로 볼 때 자기의 삶에 매우 충실하고 성실한 자이며, 아마샤의 추방 위협에도 불구하고 소신을 굽히지 않고 담대하게 주의 메시지를 선포한 것을 볼 때 사명감이 불타고 신념이 강한 사람입니다.

1. 하나님의 통치하시는 방법

이스라엘은 하나님께서 친히 다스리는 나라입니다. 그런데 이스라엘이 하나님을 떠나 우상에 빠지고 정치적으로 부패하고 윤리적으로 타락할 때 하나님은 때로는 주위 이방국가들을 사용하시어 이스라엘을 침략하도록 하십니다. 그럴 때 이스라엘은 하나님을 다시 찾고 자기들의 죄를 뉘우치며 하나님의 적극적인 간섭을 받아들이겠다고 하면 하나님은 이방 국가를 물리쳐 주십니다.

아모스 당시에도 이스라엘의 인접국가인 다메섹, 블레셋, 두로, 에돔, 암몬, 모압 국가들은 이스라엘을 침략하여 살인과 약탈을 일삼았습니다. 이 나라들에게 아모스는 하나님의 심판을 예언합니다. 그러므로 이방이 이스라엘을 침략한 것은 겉으로 보기에는 자기네들의 정치적인 이익을 추구하기 위한 것이지만, 내면적으로는 하나님의 통치하시는 방법인 것입니다.

♥ 하나님께서 이스라엘을 심판하시는 근거로 제시한 증거는 무엇입니까?(암 2:6-8)

_____

_____

2. 말씀의 기근에 대하여

♥ 암 8:11을 읽어 봅시다.

_____

_____

_____

현대 교회에서는 신학적, 철학적, 사상문제와 같은 주제들로 하나님의 말씀을 대신하는 강단이 많이 있습니다. 다시 말하면, 하나님의 복음적 말씀이 선포되는 것보다 인간들이 듣기에 좋은 말과 세상의 지식과 인간적인 문제들에 관심을 둔 이야기들이 전해지고 있다는 말입니다.

하나님의 말씀의 기근은 영혼의 피폐(疲弊:지치고 쇠약해짐)를 가져오며, 교회의 성장을 해하는 결과를 가져오게 됩니다. 교회의 부흥은 어느 시대나 하나님의 말씀이 풍성한 곳에서 이루어집니다. 루터, 웨슬리, 무디의 부흥은 모두 말씀을 통한 부흥이었으며, 요시아 왕과 에스라의 부흥성회도 말씀중심의 삶을 가르친 결과입니다. 우리는 무엇보다도 먼저 성경을 읽고, 그 말씀을 전하며 가르치기를 힘써야 할 것입니다.

3. 형식적 예배를 공격함

아모스 당시 백성들이 모여서 예배하며 번제를 드릴지라도, 저들의 죄악은 회개하지 아니하고 형식과 의문(儀文)만 남아 있었습니다. 예배는 하나님의 사랑을 받은 사람이 그 사랑에 감복하여 마음을 다하고 성품을 다하고 힘을 다하여 하나님께 경배하는 것입니다. 그러므로 하나님께 대한 예배를 드리는 사람은 온전히 자신을 하나님께 드리고 하나님만이 주인이시며 자기 자신을 다스리시는 유일한 왕이심을 고백하여야 합니다. 그리고 이러한 고백으로 예배를 드리고 자신을 거룩한 산제사로 드린 사람이라면 이제부터 자신의 삶을 위해서가 아니라 하나님의 온당한 요구에 합당하게 살아야 합니다.

♥ 바울 사도는 어떤 예배를 드리라고 권면하고 있습니까?(롬 12:1)

_____

_____

비교하기

《아모스와 나를 비교하여 본받을 점과 고칠 점을 기록해 봅시다》

실천하기

《오늘의 말씀을 생각하면서, 한 주간 동안 꼭 실천할 것을 기록해 봅시다》

점검하기

《한 주간, 동안 나의 신앙생활을 점검해 봅시다》

① 하나님 앞에 온전한 예배를 드렸습니까?	예, 아니오
② 날마다 기도를 열심히 했습니까?	예, 아니오
③ 매일 성경을 읽었습니까?	예, 아니오
④ 지난 주 실천사항을 실천했습니까?	예, 아니오

기도하기

《구역식구들의 형편과 처지를 생각하며, 기도제목을 나누고 함께 기도합시다》

제51과
여호와의 날을 선포한 요엘

성경본문 : 욜 2:12-17
찬송 : 279, 445장

"너희는 옷을 찢지 말고 마음을 찢고 너희 하나님 여호와께로 돌아올지어다
그는 은혜로우시며 자비로우시며 노하기를 더디 하시며
인애가 크시사 뜻을 돌이켜 재앙을 내리지 아니하시나니" (욜 2:13)

인물 탐구

　　요엘은 '여호와는 하나님'이라는 뜻입니다. 예루살렘 출신으로 남 유다의 선지자이며, 브두엘의 아들로서 12소선지자 중의 한 사람입니다.

　　그는 광야에서 회개를 선포한 세례 요한과 비교되는 인물로, 시대의 불의와 야합하지 않는 강직하고 정의감에 불타는 성품을 소유하였으며, 하나님의 심판을 선포하면서도 애끓는 심정으로 민족의 회개를 외친 것으로 보아 사랑과 민족에 대한 애정이 많은 선지자입니다.

1. 여호와께로 돌아오라

　　요엘 선지자가 활동하던 시대는 물질적으로는 풍요로웠으나 영적으로는 극도로 타락한 시대였습니다. 요엘 선지자는 지금 풍요를 누리고 있는 민족의 장래에 어두운 그림자가 밀려오고 있음을 직시하면서, 풍요 속에서 하나님을 잊어가는 백성들의 영적 타락과 부도덕함을 방치하기 위해 밤을 새워 기도하며 하나님께로 돌아오라고 백성들을 설득하였습니다.

♥ 심판이 이르게 되면 어떤 일이 일어났습니까?(욜 1:4-8)

_____

_____

_____

　　그러나 백성들은 그 말을 믿지 않고 들으려고도 하지 않았습니다. 사치와 허영에 빠져 흥청거렸습니다. 술집은 계속 늘어가고, 부정부패는 더 많아지고, 사치와 낭비는 늘어만 갔습니다. 요즘 우리 시대의 상황과 너무 흡사합니다. 이 사회를 고치고 치유할 수 있는 방법은 오로지 하나님께로 돌아가는 것입니다. 처음부터 다시 시작하는 것입니다. 하나님의 창조의 질서로 돌아가는 것입니다.

2. 나팔을 불어라

　　교회의 사명은 세상을 향해 하나님의 말씀으로 예언하는 것이요, 성도의 사명은 세상 사람들에게 삶을 통해 예언하는 것입니다. 교회의 숫자가 5만개를 육박하고, 목회자의 수가 6만을 넘어서고, 교인이 1천만이라고 하지만 세상이 변화되지 않는 이유는 무엇입니까? 세상을 향해, 세상 사람들을 향해 복음의 소리를 외치지 않기 때문입니다. 주님의 십자가의 피 묻은 복음이 교회에서 전해지지 않기 때문입니다. 이런 교회가 세상을 향해 해줄 수 있는 것이 무엇이 있겠습니까?

　　교회는 나팔을 불어야 합니다. 세상을 향해 나팔을 불어야 합니다. 세상을 향해 예언해야 합니다. 깨어 일어나라고 구석구석 들리지 않는 곳이 없도록 복음의 나팔을 힘차게 불어야 합니다.

♥ 본문 15절과 16절을 읽어 보십시오.

_____

_____

_____

3. 울며 애통하라

♥ 우리는 어떤 마음으로 하나님의 사랑을 전해야 합니까?(롬 2:12)

_____

_____

왜 우리교회는 이웃을 더욱 사랑하지 못했습니까? 왜 하나님의 복음을 적극적으로 전하지 못했습니까? 교회가 작아서, 교인이 적어서, 또는 재정이 넉넉하지 못해서입니까? 성도들이 순종하지 않아서입니까? 그 원인은 그들의 영혼을 위하여 애통해 하지 못했기 때문입니다.

지금 이 시간 우리들은 회개하기를 원합니다. 진정으로 사랑하지 못한 것, 더 많이 기도하지 못한 것, 마음 한 구석에 쌓여있는 불만들, 그리고 좀 더 잘할 수 있었는데 나의 게으름 때문에 더 큰 일을 못한 것들을 회개하기 원합니다. 우리의 마음을 찢으며 민족을 위해 울며 주님께로 나아가야 하겠습니다.

비교하기

《요엘과 나를 비교하여 본받을 점과 고칠 점을 기록해 봅시다》

실천하기

《오늘의 말씀을 생각하면서, 한 주간 동안 꼭 실천할 것을 기록해 봅시다》

점검하기

《한 주간, 나의 신앙생활을 점검해 봅시다》

① 하나님 앞에 온전한 예배를 드렸습니까?	예, 아니오
② 날마다 기도를 열심히 했습니까?	예, 아니오
③ 매일 성경을 읽었습니까?	예, 아니오
④ 지난 주 실천사항을 실천했습니까?	예, 아니오

기도하기

《구역식구들의 형편과 처지를 생각하며, 기도제목을 나누고 함께 기도합시다》

제52과
마지막 선지자 말라기

성경본문 : 말 1:1-5, 4:1-6
찬송 : 314, 488장

"만군의 여호와가 이르노라 보라 내가 내 사자를 보내리니
그가 내 앞에서 길을 준비할 것이요 또 너희가 구하는 바
주가 갑자기 그의 성전에 임하시리니 곧 너희가 사모하는 바
언약의 사자가 임하실 것이라" (말 3:1)

인물 탐구

말라기는 '나의 사자, 나의 천사'라는 뜻입니다. 말라기 선지자의 인적사항에 대해서는 전혀 알려진 바가 없으며, 다만 소선지서 말라기서의 저자로 볼 수 있습니다.

그는 구약시대 마지막 선지자로서 메시아의 도래에 앞서 세례요한이 올 것을 예언하였으며, 이로써 구약시대를 마감하고 신약시대의 도래를 알리는 교량역할을 한 자입니다. 제2성전 재건 후에도 영광스러운 하나님의 나라가 즉각적으로 도래하지 않는 사실에 회의하고 영적 나태함에 빠진 자들에게 장차 임할 메시아의 나라에 대한 분명한 확신과 소망을 선포한 선지자입니다.

1. 율법 존중을 주장함

말라기가 활동하던 시기는 느헤미야가 예루살렘에 돌아왔을 때쯤입니다. 포로귀환 이후 100년이 지나도록 이스라엘은 처음의 신앙과 열정을

회복하지 못했고, 귀환동포들은 성전만 완성되면 솔로몬시대가 역사 안에서 재현될 줄 알았습니다. 그러나 성전이 완성되었어도 그런 날은 오지 않았으며, 성전은 옛 영광이 없이 본래의 빛을 잃어가기 시작하였습니다. 그리고 예언자 학개와 스가랴도 사라진 지 몇십 년이 흘렀습니다.

스가랴시대의 경건성과 소박한 기풍은 이미 찾아볼 수 없게 되었습니다. 정신적 지주가 되어 백성을 지도해야 할 제사장들이 여호와를 무시하고, 제단에는 가장 값싼 제물이 아니면 흠 있는 제물로 제사를 드렸습니다.

이 시대의 특징은 뇌물정책의 유행, 육욕의 생활표준, 이혼의 유행이었습니다. 모든 국민이 향락을 추구하고, 무당이 성행하였고, 종교가와 지식인들은 회의주의에 빠져 여호와를 섬기는 일도 헛된 일이요, 의인이 악인보다 나은 것이 무엇이냐, 심판의 하나님이 어디 있느냐며 조롱했습니다.

♥ 말라기 선지자는 말 4:4에서 무엇을 기억하라고 했습니까?

----

2. 하나님께 충성할 것을 주장함

백성들은 하나님께 대한 제사행위를 통해서 죄를 가중시켰으며, 안식일을 거룩히 지키지도 않았습니다. 방탕과 호화생활로 낭비하고 있으면서도 십일조를 내지 않아 성전 안에 있는 여호와의 창고는 텅텅 비어 있었습니다. 이러한 백성들의 모습을 보면서 말라기는 십일조를 드리면 하늘 문을 열고 복을 쌓을 곳이 없도록 주시며, 풍년을 주시고, 복되고 아름다운 나라가 되게 하심을 강조하였습니다.

말라기는 십일조 이야기를 하려고 의도적으로 말한 것이 아니고, 이스라엘 사람들의 신앙적인 병이 제물을 우습게 드리는데 있음을 말하려는 의도에서 십일조를 강조한 것입니다. 해결책은 예물이 아니라 예물을 드리는 사람입니다.

♥ 말 3:3-4을 읽고 기록해 봅시다.

---

3. 마지막 예언의 소리

말라기는 그 시대의 종교부패와 제사장들의 죄, 사회악과 백성들의 죄를 경고하였습니다. 그리고 검불처럼 타서 없어지지 않기 위해서 여호와의 날을 사모하라고 권고했습니다. 해가 뜨는 곳에서부터 해가 지는 곳까지 세계 만민이 주를 믿을 때가 올 것이라는 희망의 예언을 했습니다. 그의 예언은 메시아의 도래에 대해 철저한 준비를 하라고 하면서 구약시대 예언의 대단원의 막을 내렸습니다.

말라기가 지나간 후 유다 땅에서 예언자의 소리가 들려오기까지 실로 400여년의 긴 세월이 흘렀습니다. 우리는 우리들에게 오신 예수 그리스도를 우리의 영혼 깊은 곳으로 맞이하여야 하겠습니다.

♥ 다음 말씀을 읽고 묵상해 봅시다. (말 4:5~6)

비교하기

《말라기와 나를 비교하여 본받을 점과 고칠 점을 기록해 봅시다》

실천하기

《오늘의 말씀을 생각하면서, 한 주간 동안 꼭 실천할 것을 기록해 봅시다》

점검하기

《한 주간, 나의 신앙생활을 점검해 봅시다》

① 하나님 앞에 온전한 예배를 드렸습니까?	예, 아니오
② 날마다 기도를 열심히 했습니까?	예, 아니오
③ 매일 성경을 읽었습니까?	예, 아니오
④ 지난 주 실천사항을 실천했습니까?	예, 아니오

기도하기

《구역식구들의 형편과 처지를 생각하며, 기도제목을 나누고 함께 기도합시다》

*

신앙생활을 리드하는 구역예배
(인물중심 구약편)

*

인쇄 - 2016년 12월 25일
발행 - 2017년 1월 1일

*

지은이 - 21세기구역공과편찬위원회
펴낸이 - 채 주 희
펴낸곳 - 엘맨출판사

*

서울시 마포구 신수동 448-6
출판등록 - 제10-1562호(1985.10.29)

*

Tel. / 02-323-4060, 322-4477.
Fax / 02-323-6416
e-mail / elman1985@hanmail.net

*

잘못된 책은 바꾸어 드립니다.
무단복제를 금합니다.

*

값 6,500원